Dann Stadler

Er ging für uns durchs Feuer
Die unglaubliche Geschichte einer
dramatischen Rettung

Über den Autor

Dann Stadler ist verheiratet, schreibt Bücher und ist ein gefragter Redner. Er ist zudem Gründer und Autor des christlichen Blogs www.saturdayspromise.com, mit dem er Menschen ermutigt, den Verheißungen Gottes zu vertrauen. Mit seiner Familie lebt er in Jackson, Wisconsin (USA).

DANN STADLER

ER GING FÜR UNS DURCHS FEUER

Wie ein Engel unser Leben veränderte

Aus dem Englischen von Elke Wiemer

GerthMedien

Inhalt

Für Tracey
Wir haben so viel zusammen durchgemacht,
und ich habe so viel von dir verlangt,
du hast immer zu mir gehalten – 27 Jahre lang –
das ist keine Kleinigkeit.
Die Art und Weise, wie du mich ansiehst,
mit mir sprichst
und durch deine sanften Berührungen
dein Versprechen jeden Tag still erneuerst.
Es ist schon ein Wunder für mich,
dass du damals „Ja, ich will" gesagt hast.

Für meine Töchter,
Meghan, Rebekah und Emma
Ihr seid die strahlenden Sterne,
die immer an uns glauben und
Licht in unser Leben bringen.

Für Traceys Eltern
Obwohl ihr nicht mehr bei uns seid,
wart ihr im Geist bei mir,
als ich dieses Buch schrieb.

Für meine Eltern
Euer Vertrauen und eure Unterstützung waren
wie ein Fels in der Brandung unseres Lebens.

I

Aus dem Himmel in die Feuerhölle

Es ist der 7. September 1989, acht Uhr abends, als Mark Payne*
seine Arbeit im Autohaus seines Vaters in Riviera Beach in Florida beendet. Er hat Hunger und will etwas essen. Aber viel stärker verlangt es ihn danach, etwas zu trinken. Nicht um seinen
Durst zu löschen, sondern um seinen Verstand und Körper mit
Alkohol zu betäuben.

Er hält mit seinem Wagen an einem nahe gelegenen Restaurant und bestellt etwas zu trinken. Als er kurz vor Mitternacht
sein letztes Glas Whiskey leert, hat er es geschafft: Sein Denken ist betäubt und seine Sinne sind benebelt. Schwankenden
Schrittes geht er zu seinem Wagen. Erst nach mehreren Versuchen findet sein Schlüssel das Schloss der Autotür. Er kriecht
auf den Fahrersitz, lässt den Motor an und fährt nach Hause, in
nördliche Richtung.

Als er die Auffahrt zum Highway, der Interstate 95, erreicht,
denkt er womöglich noch kurz an seine letzte Verhaftung wegen
Trunkenheit am Steuer, vor etwa sieben Monaten. Es sind nur
fünfzehn Kilometer bis nach Hause, und er hofft, dass ihm unterwegs keine Polizeistreife begegnet. Payne ignoriert das Risiko, legt eine Kassette der Band Grateful Dead ein und dreht die
Lautstärke voll auf.

* Der Name ist geändert. Es ist nicht notwendig, den richtigen Namen des
betrunkenen Fahrers, der den Unfall verursacht hat, an dieser Stelle zu nennen. Wen es interessiert, der kann es recherchieren. Für mich ist es über-
flüssig, seinen Namen zu nennen. Ich will jedenfalls nicht den Eindruck er-
wecken, als wollte ich mich rächen.

Fast 45 Kilometer fährt Payne, betrunken wie er ist, an der Ausfahrt, wo er wohnt, vorbei. Als ihm sein Fehler bewusst wird, erkennt er, dass er in Richtung Süden zurückfahren muss. Womöglich denkt er in diesem Moment, er sei auf der zweispurigen Landstraße unterwegs, die er sonst üblicherweise nach Hause nimmt. Jedenfalls fährt Payne auf den Seitenstreifen, lässt die anderen Autos an sich vorbeifahren und ... wendet. Wahrscheinlich denkt er in diesem Moment an seine Frau, die sich sicherlich Sorgen machen wird, weil es schon so spät ist. Also gibt er Gas und rast zurück. So oder so ähnlich muss Mark Payne den Abend bis zu diesem Zeitpunkt erlebt haben.

Payne ist sich nicht bewusst, dass er jetzt als Geisterfahrer auf der linken der drei Fahrspuren der Interstate 95, die nach Norden führen, in Richtung Süden fährt. Durch das Wendemanöver ist er in seinem roten BMW zu einem unkontrollierbaren Geschoss geworden. Die Songs der Grateful Dead dröhnen weiter in seinen Ohren. Sie sind das Letzte, was er je hören wird.

Dann und Tracey Stadler fahren in dieser Nacht die gleiche Strecke. Nach einem wundervollen Abendessen anlässlich ihres vierten Hochzeitstags sind die beiden auf dem Rückweg zum Haus von Traceys Eltern in Port St. Lucie, Florida. Sie machen dort gerade Urlaub.

Ebenfalls unterwegs auf der Interstate 95 ist die Polizeibeamtin Sydney Wright. Sie fährt in dieser Nacht Streife. Um kurz nach Mitternacht ist sie etwa fünfzehn Kilometer nördlich von Port St. Lucie in Richtung Süden unterwegs, als die erste Meldung über Funk hereinkommt: „Ein Geisterfahrer in einem roten Wagen wurde kurz hinter Midway Road auf der Fahrbahn Richtung Norden gesehen." Diese Stelle befindet sich noch etwa dreißig Kilometer südlich von Wrights derzeitigem Standort.

Vielleicht nur ein Irrtum, denkt Wright. *Man kann sich im Dunkeln täuschen und denken, die Scheinwerfer der Autos auf der anderen Fahrbahn kämen einem auf der eigenen Seite entgegen.*

Dennoch ist sie ein wenig angespannt. Sie hat schon mehr als genug Unfälle gesehen, die ein Geisterfahrer verursacht hat. Ihr Funkgerät knackt und es ertönt die raue Stimme eines Lastwagenfahrers. Auch er meldet einen roten Pkw, der in falscher Richtung unterwegs ist. Und kurz darauf bestätigt die Zentrale den Geisterfahrer erneut. Die Streifenpolizistin drückt aufs Gas. Mit Blaulicht und Sirene rast sie durch die Dunkelheit.

Um 0:35 Uhr kommt wieder eine Meldung über Funk herein. Sie ist endgültig: *„Unfall mit Verletzten auf der Interstate 95 Richtung Norden bei Kilometer 163,5, drei Kilometer südlich der Abfahrt zur L 714. Brennendes Fahrzeug."* Wright schießt das Adrenalin ins Blut. Zugleich rutscht ihr das Herz in die Hose: *Oh nein! Er hat jemanden erwischt.*

*

Als die beiden Fahrzeuge miteinander zusammenprallen, leuchtet eine helle Stichflamme blitzartig auf. Sie ist im Umkreis eines knappen Kilometers zu sehen. Im Nu erlischt sie wieder. Zurück bleibt ein flackernder Haufen zerbeulten Metalls auf der Fahrbahn. Beide Fahrzeuge sind nur noch etwa halb so groß, wie sie einmal waren, und stehen nur Zentimeter voneinander entfernt. Fast ein Dutzend Autos bremsen scharf und halten an. Einige ihrer Insassen rennen sofort zu dem rauchenden Metallknäuel. Angst liegt in der Luft. *So einen schrecklichen Unfall kann unmöglich jemand überlebt haben.* Troy Lynne erreicht als Erster die Autos. Er erkennt sofort, dass der Fahrer des roten BMWs tot ist. Anschließend schaut er in den anderen Wagen. Er brennt. Aber es ist unglaublich: Beide Insassen bewegen sich noch – sie leben!

Er versucht, die Türen zu öffnen, doch sie bewegen sich nicht. Durch die Wucht des Aufpralls ist die Frontpartie des Autos um fast anderthalb Meter eingedrückt worden, sodass sich die

Türen stark verkeilt haben. Lynne sieht, wie die Flammen beginnen, um die Beine des Fahrers zu schlagen. Er winkt Leuten, die angerannt kommen, wild zu und ruft nach einem Feuerlöscher.

Ich hatte Tracey gesagt, sie solle angeschnallt bleiben. Das ist das Letzte, woran ich mich erinnere. Auch Tracey kann sich nicht mehr an den Zusammenstoß erinnern, da sie wahrscheinlich zu diesem Zeitpunkt geschlafen hat. Aber ihre Erinnerung an alles, was danach geschah, ist schrecklich – bis auf ein kurzes göttliches Eingreifen.

Nach unserem heftigen Aufprall sah Tracey mich nur verwirrt an und wisperte flehend: *„Was ist passiert?"* Ich konnte sie nur anstarren. Dann versuchte ich, unsere Sicherheitsgurte zu lösen. Für Tracey war das alles zu viel. Sie verstand nicht, was passiert war. *Träume ich?*

Schreie von draußen holten sie in die Realität zurück. Später erzählte sie mir, dass ihr Gehirn all das nicht erfassen konnte – wie es zu dem Unfall gekommen war, wo wir waren, wie schwer wir verletzt waren, das Ausmaß des Schadens – nicht einmal, wie wir hießen, wusste sie. Sie war ganz durcheinander und benommen vor Schmerz. Und dann musste sie mitansehen, wie Flammen um meine Beine schlugen und sie hörte mich schreien.

Andere Fahrzeuge erreichten die Unfallstelle. Gerade war in einer nahe gelegenen Fabrik die Spätschicht zu Ende gegangen und drei der Arbeiter stiegen aus ihrem Auto aus und eilten zu Hilfe. Es waren Mike Debevec, Ben Williams und Kyle Longwell. Ihr Kollege, Mike Walters, stieß zu ihnen und gemeinsam rannten sie zu dem brennenden Fahrzeug. Sie hatten Feuerlöscher dabei, doch diese schafften es nicht, die Flammen einzudämmen. Benzin floss schwallartig aus unserem Ford, und sobald es auf den Asphalt traf und sich dort als neues Feuer entfachte, hörte man sein lautes, dumpfes Zünden.

Lynne und einige andere versuchten, Tracey durch eine schmale Öffnung, die sich zwischen Schiebedach und Fenster ergeben hatte, zu befreien. Es war, als wollten sie das ganze Auto mit ihr hochheben, denn der Motorraum hatte sich auf Traceys Schoß geschoben. Sie schrie, während die Retter versuchten, sie Stück um Stück aus der immer größer werdenden Hitze herauszuholen.

Während Lynne mit den anderen zugange war, Tracey zu befreien, bemerkte Mike Debevec, dass mich das Feuer erreicht hatte. Mit Mike Walters und Kyle Longwell rannte er zu mir auf die Fahrerseite. Sie versuchten, meine Tür zu öffnen. Vergeblich. Sie öffnete sich nicht. Als Nächstes schlugen sie mit ihren Fäusten und Steinen gegen die Scheibe, aber sie schien allen Schlägen standzuhalten.

Mike Debevec nahm alle seine Kraft zusammen und schob seine Finger oberhalb des Fensters zwischen Fahrertür und Rahmen. Er zog nun mit ganzer Kraft an der Tür, indem er seine Füße gegen das Auto stemmte. Immer mehr Flammen schlugen an meinen Beinen hoch. Doch plötzlich gab der Fensterrahmen nach. Das Glas zerbrach, als Mike Debevec ihn umbog. Den drei Männern stieß brennend heiße Luft aus dem Wageninneren entgegen, sodass sie einen Moment zurückweichen mussten.

Ich streckte meine Arme empor, hielt mich am Dach des Autos fest und zog mich mühsam durch die Fensteröffnung. Die drei Männer ergriffen meine Unterarme und zogen mich aus dem Wrack. Mit ihren bloßen Händen schlugen sie sofort die Flammen an meinen Beinen aus.

„Holt meine Frau raus!", schrie ich. Ich nannte Tracey nicht bei ihrem Namen – wahrscheinlich hätte ich nicht einmal meinen eigenen Namen gewusst. Die anderen versuchten immer noch verzweifelt, Tracey aus dem Auto zu befreien. Ein anderer herbeigeeilter Helfer, James Vellum, griff nach ihr durch das Schiebedach, spürte aber immer noch Widerstand, als er zog. Ich konnte Tracey schreien hören, und je länger das Bemühen um Tracey dauerte, desto mehr brach Panik aus. James Vellum versuchte, die Tür mit einer Dachlatte, die ihm jemand in die Hand gedrückt hatte, aufzustemmen, aber sie zerbrach.

Das Feuer dehnte sich immer weiter aus. Ein anderer Mann griff nach einem der leeren Feuerlöscher, um damit die Scheibe einzuschlagen, aber auch dieser Versuch schlug fehl. Widerspenstig hielt die Scheibe jedem seiner Schläge stand und federte den Mann zurück.

Im Auto griffen die Flammen immer weiter um sich und Tracey drückte sich gegen die Scheibe. Die Helfer schienen machtlos zu sein, und die Menschen wichen zurück, aus Angst vor einer Explosion. Mitten in diesem schrecklichen Durcheinander kniete sich eine Frau auf die Straße und fing an zu beten. Sie flehte Gott an, er möge den Rettern helfen. Und noch während sie betete, sah Pedro Gimenez eine einzelne und sich ruhig verhaltende Gestalt aus dem nahe gelegenen Wald kommen. Der Schein des Feuers spiegelte sich immer heller auf ihrem Gesicht wider.

Als die Gestalt näher und näher zu dem brennenden Auto kam, fiel Gimenez auf, dass das Leuchten auf ihrem Gesicht nicht der Reflektion des Feuers entsprach. Es war die Gestalt *selbst*, die leuchtete. Sie war kein dahergelaufener Schaulustiger. Was er hier sah, wurde Gimenez bewusst, war ... ein Engel.

Zum etwa gleichen Zeitpunkt tat Ben Williams, der mit Mike Debevec und Kyle Longwell zum Unfall gekommen war, das Einzige, was ihm noch einfiel: Er betete um Hoffnung und Heilung. Später erzählte er: „Als ich so mitten auf der Straße stand, mit all der Hektik und dem Chaos um mich herum, betete ich einfach immer weiter. Irgendwann bemerkte ich, wie eine starke Welle über mich kam. Ich spürte die heilende Kraft von Jesus. So stark, intensiv und überwältigend, dass ich nicht anders konnte, als in die Knie zu gehen und nicht wieder aufzustehen. Mit einem Mal wusste ich, dass Gott die Menschen in dem Auto bewahren und heilen würde. Es war ein wunderbares, unglaubliches Erlebnis. Staunend und in Ehrfurcht kniete ich dort auf dem Highway."

Durch die sengende Hitze im Auto bekam Tracey kaum noch Luft. Ihre Lungen fühlten sich an, als würden sie in ihr zerplatzen. Tracey sah in die Gesichter der Menschen rund ums Auto. In ihnen standen Entsetzen und Verzweiflung. Einer weinenden Frau sah sie direkt in die Augen. Dann spürte und roch Tracey, wie die Haut ihres Gesichts verbrannte. *Bitte, Gott,* betete sie, *nimm mich jetzt zu dir, ehe ich bei lebendigem Leib verbrenne.*

Im nächsten Augenblick schaute Tracey nach oben und sah etwas Unglaubliches: Jesus streckte ihr die Hand entgegen. Es schien ihr, als würde sie in den Himmel hinaufschweben, während es Kyle Longwell gelang, ihren leblosen Körper aus dem Wagen zu ziehen.

So hat Tracey das Ganze erlebt:

Dann und ich waren an jenem Abend anlässlich unseres vierten Hochzeitstages essen. Ich erinnere mich noch, dass wir meinem Bruder Tommy zugewinkt haben, ehe wir auf die Interstate 95 fuhren. Während der Rückfahrt sagte ich zu Dann, dass ich ein kleines Nickerchen machen wollte. Er bat mich daraufhin, angeschnallt zu bleiben, was ich auch tat. Das ist das Letzte, woran ich mich erinnern kann.

Das Nächste, woran ich mich erinnere, sind entsetzliche Schmerzen. Und ich sah Menschen neben unserem Auto stehen. Sie schrien und kreischten. Zuerst dachte ich, das

Ganze wäre bloß ein schrecklicher Traum, aber dann wurde mir bewusst, dass ich nicht träumte. Ich drehte meinen Kopf und schaute zu Dann. Sein Gesicht von damals sehe ich noch heute vor mir. Hilflos starrten wir uns an. Er versuchte, unsere Sicherheitsgurte zu lösen, dann fing er an zu schreien. Ich sah hinunter zu seinen Beinen. Er brannte. Ich wollte ihm helfen und versuchte, zu ihm hinüberzukommen, doch ich konnte mich nicht bewegen. Auf meine Beine drückte der ganze Motorraum. Unterhalb meiner Hüfte war alles zertrümmert. Auch ich fing an zu schreien, und da bemerkte ich, dass mein Kiefer gebrochen war. Sobald ich den Mund öffnete, spürte ich meinen Kieferknochen an den Ohrläppchen. Mir wurde nun klar, wie schwer verletzt ich war.

Die Flammen umgaben Dann. Ich kann gar nicht beschreiben, wie grausam es war, den eigenen Mann brennen zu sehen. Völlig eingezwängt und gegen den Sitz und die Tür gedrückt kam ich nicht zu ihm hinüber. Doch als es schon so aussah, als würden ihn die Flammen ganz verschlingen, bog jemand das Autofenster auf. Andere zogen ihn aus dem Auto. Ich war froh, dass er draußen war, aber ich dachte, er sei tot. Jemand versuchte, meine Tür aufzubrechen, aber es ging nicht. Dann versuchte er, mich durch das Schiebedach herauszuziehen. Aber mein Körper ließ sich einfach nicht bewegen. Ich saß in der Falle. Dann wichen auf einmal alle zurück, weil die Hitze zu groß war. Einige riefen, man sollte jetzt zurückbleiben, weil das Auto jeden Augenblick explodieren könnte. Ich wurde hysterisch. *Mein Gott, sie lassen mich hier bei lebendigem Leib verbrennen!*

Ich spürte, wie die Flammen immer näher kamen und mein Gesicht und meine Arme anfingen zu brennen. Es war so heiß. Meine Lungen und mein Brustkorb fühlten sich an, als würden sie brennen. Ich bekam keine Luft mehr. Mit letzter Kraft fing ich an zu beten. Ich erinnere mich noch genau an meine Worte: *„Gott, bitte vergib mir meine Sünden. Du hast gesagt, in deinem Haus sind viele Wohnungen. – Ich bete, dass es einen Platz für mich im Himmel gibt. Bitte, nimm mich jetzt sofort zu dir, damit ich nicht bei lebendigem Leib verbrennen muss. Bitte, lass mich nicht verbrennen."*

Im nächsten Augenblick sah ich nach oben und erblickte ihn – Jesus, meinen Herrn und Retter. Beinahe glich er einem Engel, aber ich wusste, dass er es war. Ich spürte, dass er gekommen war, um mich zu trösten und zu heilen. Während dieses ganzen Erlebnisses war er die ganze Zeit bei mir gewesen. Und ich hatte das Gefühl, ihn schon mein ganzes Leben lang zu kennen, obwohl wir uns nie wirklich „begegnet" waren.

Ich fragte mich, wie oft er wohl schon bei mir gewesen war, wenn ich Hilfe gebraucht hatte. Meine Gedanken überschlugen sich. Wie hatte ich ihn in der Vergangenheit erfahren? Mir war klar, dass sich unsere Wege gekreuzt hatten und dass wir miteinander verbunden waren. Ich wollte mit ihm sprechen, merkte aber, dass wir keine Worte brauchten. Wir verständigten uns in Gedanken. Als er mir seine Hand entgegenstreckte, waren meine ersten „Worte": „Mann, das war aber knapp!" Er lächelte und hob mich hoch, wie ein Vater sein Kind.

Wir bewegten uns „nach oben" – zumindest hatte ich das Gefühl. Er trug mich weg von dem Autowrack. Und plötzlich wurde mir bewusst, was gerade passierte. „Ich bin tot, nicht wahr?", fragte ich ihn. Wieder lächelte er nur. Ich war ganz begeistert und meinte: „Ich habe immer Angst gehabt, zu sterben – Angst vor dem Unbekannten, dem Schmerz –, aber es ist so wunderbar. Du solltest das den Menschen sagen. Das müssen sie wissen!" Er lächelte mich wieder nur in seiner reinen Schönheit und Wahrheit an. Er sagte, ich könnte ruhig nach unten sehen, aber das wollte ich nicht. Je weiter wir uns von der Unfallstelle entfernten, desto mehr Frieden verspürte ich. Es war wunderbar. Ich kann es bis heute nicht in Worte fassen. Nicht nur, dass die Schmerzen des Unfalls aufhörten, auch jedweden anderen Schmerz, ob körperlich oder seelisch, ließ ich hinter mir. Alles Schwere meines irdischen Daseins entwich. In seiner Gegenwart verwandelte sich all das in eine Leichtigkeit aus Freude und Freiheit.

Vage nahm ich plötzlich Szenen aus meinem Leben wahr. Sie blitzten um mich herum auf, aber ich beachtete sie nicht weiter, denn ich wollte mich weiter auf Jesus konzentrieren. Seine Liebe und sein vollkommener, absoluter Frieden überwältigten mich. Es war einfach wundervoll und erhaben schön.

Mir gingen Worte einer Bibelstelle durch den Kopf: „Frieden, der alle Vernunft übersteigt" – genau diesen unglaublichen, unbeschreiblichen, allumfassenden Frieden spürte ich. Nicht als ein Gefühl, sondern als einen Teil von mir. Ich wurde zu Friede, Liebe und Freude. All diese intensiven Empfindungen rührten von Jesus her und ich kann sie nicht angemessen beschreiben. Es war einfach überwältigend. Es war wunderbar. Und es war unbeschreiblich, wie intensiv diese Gefühle und diese Realität waren. Die Liebe eines Vaters oder einer Mutter zum eigenen Kind ist eines der stärksten menschlichen Gefühle, die es gibt, aber selbst dieses verblasst angesichts *seiner* Liebe. Es fühlte sich an, als hätte er seine Arme um mich geschlungen, hielte mich fest und gäbe mir das Gefühl, vollkommen geliebt zu sein. Anders kann ich es nicht beschreiben.

Je mehr wir uns vom Unfallort entfernten, desto stärker hatte ich das Gefühl, nach Hause zu kommen. Von ganzem Herzen und aus tiefster Seele wusste ich, dass Gott, unser Vater, auf mich wartete. Das muss man sich zweimal sagen: *Er* wartete – auf mich! Weder empfand ich Schmerz noch Traurigkeit oder Bedauern. Reine Vorfreude herrschte, auf das Vollkommene, wonach ich mich stets ausgestreckt hatte und worum es in meinem ganzen Leben immer wieder gegangen war. Es war, als würde ich von Neuem geboren, in eine vollkommene und reine Welt hinein. Und mir wurde bewusst, dass der Tod nicht das Gegenteil des Lebens ist, sondern das Gegenteil der Geburt. Und hier war ich nun, vollkommen lebendig und vollkommen geliebt, bereit, Gott zu begegnen. Ich freute mich so. Und ich wusste, dass es einen Grund gab, und zwar nur einen einzigen, weshalb ich in den Himmel kam: Weil ich während meines Lebens auf der Erde Jesus kennengelernt und als meinen Retter angenommen hatte. Das war das Einzige, worauf es in diesem Moment ankam. Ich kann das gar nicht deutlich genug betonen: Mein ganzes Leben, jede Entscheidung, jede Handlung, alles, was ich war, reduzierte sich nun auf diese eine Entscheidung. Nichts anderes zählte mehr. Gar nichts. Nur Christus. Er ganz alleine.

Erneut blickte ich nach oben, vielleicht auch deswegen, weil ich nun wusste, wo ich war, und sah plötzlich meine Großmutter, Nannie, die gestorben war, als ich gerade sechs Monate alt war. Nicht in menschlicher Gestalt, aber ich erkannte sie trotzdem sofort. Sie war ein Wesen voller Wärme und endloser Liebe. Zu Lebzeiten hatte ich sie nie kennengelernt, aber ich hatte stets das Gefühl, sie irgendwie bei mir zu haben. So, als hätte es eine lebenslange Bindung zwischen uns gegeben. Jetzt erst konnte ich nachvollziehen, warum ich so empfunden hatte. Sie wartete am Eingang des Himmels auf mich, um mich mit hineinzunehmen, und war offensichtlich hocherfreut, mich zu sehen. Pure Freude ging von ihr aus. Ich sah sie an und rief: „Nannie!" Ich konnte es kaum erwarten, bei ihr zu sein. Ihre Gegenwart war so voller Liebe und Annahme, dass ich das Gefühl hatte, förmlich mit ihr zu verschmelzen.

Als ich Nannie erreichte, schossen mir plötzlich Gedanken an meine neun Monate alte Tochter Meghan durch den Kopf. Ich rief ihren Namen. Und Panik packte mich. War Dann nicht tot? Meghan brauchte doch eine Mutter. Sie brauchte mich! Unbehagliche Gefühle machten sich in mir breit. Ich wollte nicht, dass sie als Waisenkind aufwuchs. So erzählte ich Jesus und Nannie davon, dass ich Meghan nicht verlassen wollte. Ich wünschte mir so sehr, in den Himmel zu kommen und mein neues Leben zu leben – Gott in seiner ganzen Größe zu verehren und in all seiner Liebe und seinem Frieden zu leben –, aber ich konnte mein Baby nicht zurücklassen.

Nannie und Jesus wurden sehr, sehr ernst. Ich wusste, dass ich eine Entscheidung treffen musste. Mir blieb nicht viel Zeit, nachzudenken. Sofort musste eine her. Leicht fiel sie mir nicht. Denn obwohl ich mich mit jeder Faser meiner Seele nach Gott sehnte, war da etwas in mir, das zu Meghan zurückwollte. Ich musste einfach für sie da sein. Und ich hatte das Gefühl, der einzige Grund, der eine Rückkehr möglich machen könnte, war Liebe. Dass und wie ich Meghan liebte, muss Jesus irgendwie erkannt haben. Mehr noch: Er erkannte meine Liebe zu ihr sogar an und ließ mir die Wahl, zu Meghan zurückzukehren.

Sekundenbruchteile später verließ ich Nannie und Jesus brachte mich zurück zur Unfallstelle. Alles, was ich erlebt hatte, von der Unfallstelle bis zu der Gegenwart im Himmel, wurde zurückgespult. Zumindest fühlte es sich für mich so an, denn je näher wir der Erde kamen, desto schwerer fühlte ich mich. Die Schmerzen waren wieder da und alles wurde schlimmer und schlimmer. Nannies Wärme verschwand und mir war kalt. Als ich wieder konfrontiert wurde mit meinen unerträglichen körperlichen Schmerzen durch den Unfall, wusste ich, dass ich zurück war. Ich war wieder „lebendig" und auf der Erde.

Als ich am Straßenrand wieder zu Bewusstsein kam und meine Augen aufschlug, sah ich geradewegs in die Augen eines Engels. Ich wusste sofort, dass es ein Engel war – und er kannte mich. Irgendwie wusste ich, dass dieser Engel mich aus dem brennenden Auto gerettet hatte. Zwar hatte mich jemand anderes hinausgezogen, aber ohne den Engel wäre es ihm niemals gelungen. Der Engel hatte meine Rettung erst möglich gemacht. Ich kann es nicht erklären, aber ich wusste es einfach. Und dort am Straßenrand beugte er sich über mich, legte seine Hand auf mein Gesicht und heilte mich.

Genauer gesagt spürte ich, wie er durch die Kraft Jesu die Verbrennungen in meinem Gesicht und am Hals heilte. Angesichts all meiner anderen Verletzungen, weiß ich heute, dass ich Verbrennungen im Gesicht nicht überlebt hätte. Ich vermute, Gott wusste, dass ich mit Verbrennungen nicht überleben konnte. Dass das mehr war, als ich ertragen konnte. Beides war real: Ich erlitt im Auto schwere Verbrennungen und durch einen Engel heilte mich die Kraft Jesu. Seine heilende Kraft strömte durch mich hindurch – dort am Straßenrand. Und letztlich sagte der Engel zu mir: „Tracey, es wird alles wieder gut."

Als Tracey dort im Auto „starb", versuchte Kyle Longwell immer noch, sie aus dem brennenden Wrack zu ziehen. Er langte durch die zerklüftete Öffnung des Schiebedaches und befreite sie aus den Flammen. Es gelang ihm mühelos, als hätten die Wrackteile des Motorraums, die Traceys Beine eingeklemmt hatten, plötzlich nachgegeben.

Kyle Longwell erzählte uns später: „Mit einem Mal kam eine Kraft über mich, und ich hatte eine Stärke, die nicht aus mir herauskam." Tracey war frei.

Sie legten sie neben das Auto. Ihre schweren Verletzungen waren deutlich zu erkennen.

Als Traceys irdisches Leben wieder in ihren Körper strömte, und der Engel ihr gesagt hatte, dass „alles wieder gut" werden würde, sah er die Menschen um sich herum an und sagte langsam und sehr betont: „Kümmert – euch – um – Tracey." Gimenez sah, wie der Engel wieder im Wald verschwand, er schien mit den Schatten zu verschmelzen.

Weder Tracey noch ich, geschweige denn irgendjemand der Anwesenden, hatte ihm unsere Namen gesagt – trotzdem nannte der Engel Tracey bei ihrem Namen. Offensichtlich kannte er ihn.

2

Die längste aller Nächte

Im Martin-Memorial-Krankenhaus in Stuart, Florida, wird Dr. Belle von den Sanitätern in die Notaufnahme gerufen. Es ist 0:50 Uhr. *„Autounfall, zwei Insassen, mehrfache schwere Verletzungen und Verbrennungen – sieht übel aus. Geschätzte Ankunftszeit in 15 Minuten.*" Sowohl den Sanitätern als auch der Ärztin ist bewusst, dass schwer verletzte Personen bessere Überlebenschancen haben, wenn innerhalb der ersten Stunde nach dem Unfall lebensrettende Maßnahmen ergriffen werden können.

Dr. Belle handelt angesichts der Herausforderung, in wenigen Minuten zwei Unfallopfer mit schweren Verbrennungen versorgen zu müssen, schnell. Es war gerade Schichtwechsel, aber viele der Ärzte, Schwestern und Pfleger sind noch in der Klinik. Dr. Belle weist daher die diensthabende Schwester an: „Rufen Sie sofort die Spätschicht zurück. Wir brauchen jeden, den wir kriegen können. Und treiben Sie jeden Arzt auf, der Bereitschaft hat. Beantworten Sie keine Fragen! Sie sollen einfach nur so schnell wie möglich herkommen."

Ich kam vor Tracey an und das Ärzteteam in der Notaufnahme ergriff sofort stabilisierende Maßnahmen. Da ich von Kopf bis Fuß verletzt war, mussten die Ärzte meine Verletzungen nach Wichtigkeit einstufen und untersuchten mich. Bei jeder Bewegung schrie ich vor Schmerzen auf. Und jede Berührung war eine Qual.

Als Tracey eintraf, wusste sie immer noch nicht, ob ich noch lebte oder nicht. Sie hatte mitansehen müssen, wie ich brennend aus dem Auto gezogen wurde. Danach hatte sie mich nicht mehr gesehen. Sie dachte, ich sei tot. Zwar beteuerten die Sanitäter ihr das Gegenteil, doch sie schenkte ihnen keinen Glauben. Das änderte sich, als die Tür zur Notaufnahme aufging. In diesem Moment hörte sie, wie jemand schrie. Das war ich. Später meinte sie, diese Schreie waren „das Schönste, was ich je gehört hatte", weil sie nun wusste, dass ich am Leben war. Noch während die Sanitäter Tracey hereinschoben, trat eine Krankenschwester zu ihr: „Wie heißen Sie, meine Liebe?" Noch immer war Tracey nicht in der Lage, sich an ihren eigenen Namen zu erinnern. Stattdessen fiel ihr aber urplötzlich die Telefonnummer ihrer Eltern ein und sie antwortete schwerfällig: „Ich weiß nicht, aber Sie müssen meine Eltern anrufen ...".

Das Wissen, ihre Eltern würden kommen, beruhigte und erleichterte Tracey etwas. Den Blick in ihre vertrauten Gesichter brauchte sie genauso wie ihren Zuspruch. Und sie wollte ihnen von Jesus und ihrem Engel erzählen. Doch Tracey verlor immer wieder das Bewusstsein.

*

Um halb eins in dieser Nacht schreckt Mary aus dem Schlaf hoch. Sie atmet schwer und ihr Herz rast. Es ist, als sei sie aus einem Albtraum aufgewacht. Zwar kann sie sich nicht mehr an ihn erinnern, aber ihr Körper reagiert noch darauf.

Sie sieht nach ihrer jüngsten Enkelin, Meghan. *Gibt es einen friedvolleren Anblick als den eines schlafenden Säuglings?* Doch er kann Marys nagende Sorge nicht beruhigen. Dann und Tracey sind immer noch nicht zurück. *Wo bleiben sie?*, fragt sie sich. *Sie sollten eigentlich schon zurück sein.*

*

Vor ein paar Tagen waren wir als Familie nach Florida gekommen, um Traceys Eltern, Tom und Mary, zu besuchen. Sie waren ein paar Monate vor Meghans Geburt dorthin gezogen. Mary war erleichtert, Tracey wiederzusehen, denn die Geburt von Meghan war nicht einfach gewesen. In die neue Mutterrolle hatte sich Tracey zwischenzeitlich gut eingefunden, nur setzte irgendwie erst die Reise wieder ihren gesamten Lebensgeist frei – zumal Tracey ihrer Familie sehr nahestand und sie sehr vermisste. Ihre zwei Brüder und beide Schwestern lebten schon seit einigen Jahren in Florida. Als dann auch noch ihre Eltern dorthin zogen, fühlte sich Tracey so, als habe sie keinen Rückhalt mehr und sei völlig auf sich gestellt. Die Wochenbettdepression und ein dunkler Winter in Wisconsin taten ihr Übriges. Tracey fühlte sich noch elender.

Im spätsommerlichen Florida, genauer gesagt am 7. September 1989, war alles anders. Gemeinsam mit Traceys Zwillingsbruder Tommy und seiner Freundin feierten wir unseren vierten Hochzeitstag. Und es war *wirklich* eine Feier, denn es ging uns richtig gut: Tracey und ich waren beide erst 27 und konnten beide einen College-Abschluss vorweisen. Ich besaß einen wunderbaren Job im Vertrieb eines Pharmazie-Unternehmens und Tracey arbeitete bei einer Augenoptik-Firma. Nach unserer Rückkehr sollte sie zur Ausbilderin für ihren Bezirk befördert werden. Unsere Karrieren verliefen steil nach oben. Wir hatten ein neues Haus und eine wunderbare neun Monate alte Tochter. Meghan war unser perfektes Baby: ein bisschen pummelig, mit zartrosa Haut, großen blauen Augen und immer einem süßen Lächeln auf dem Gesicht.

Das Leben hatte uns einfach reich beschenkt, und wir hatten das Gefühl, es könnte gar nicht mehr besser kommen. Alles lief rund. Und nachdem Tracey sich von ihrer Wochenbettdepression erholt hatte, wurde sie ihre Schwangerschaftspfunde wieder los und war so munter und aktiv wie früher. Auch ich selbst befand mich in Höchstform; ich betrieb Jogging, stemmte Gewichte und strebte in Taekwondo den schwarzen Gürtel an. Wir waren beide kerngesund und glücklich.

*

Wo bleiben sie nur?, fragt sich Mary wieder, diesmal besorgter. Unruhig geht sie auf und ab, macht den Fernseher an und schaut noch einmal nach Meghan. *Immer noch nichts.*

Mary muss daran denken, was Tracey ihr am frühen Abend erzählt hatte: „Mama, ich habe ein ganz ungutes Gefühl dabei, heute auszugehen. Ich glaube, wir sollten hierbleiben." Tracey war so besorgt, dass sie sogar weinte. Mary schob es auf eine nervöse Verstimmung, eine Nachwirkung ihrer Wochenbettdepression, weil sie so weit von zu Hause weg war und ihre Tochter für den Abend alleine lassen musste. Sie hatte ihr gesagt, sie solle ruhig ausgehen und sich amüsieren. „Es ist schon alles in Ordnung."

Gegen ein Uhr morgens ruft Mary ihren Sohn Tommy an und fragt, wann Dann und Tracey nach Hause gefahren sind. Tommy erklärt ihr, dass er sie nach dem Essen noch durch die Stadt, Richtung Port St. Lucie begleitet hat. Das war etwa gegen halb zwölf. Sie sollten eigentlich längst zu Hause sein.

Tommy, der als Polizist in West Palm Beach arbeitet, ist nicht so schnell aus der Fassung zu bringen. Seiner Mutter versichert er, dass sie wahrscheinlich jeden Moment nach Hause kommen werden. „Mama, vielleicht mussten sie noch tanken oder hatten einen Platten. Es geht ihnen bestimmt gut. Falls sie aber in zwanzig Minuten oder einer halben Stunde noch nicht da sein sollten, ruf mich wieder an. Dann fahre ich die Strecke ab."

*

Es war ein langer Tag und wir waren beide müde – vor allem Tracey. Sie war früh aufgestanden, um sich mit ihrer Mutter zu treffen und ihr Meghan zu bringen. Jetzt, während unserer Rückfahrt, wollte sie ein wenig schlafen und schnallte dafür ihren Sicherheitsgurt ab. Als ich sie fragte, was sie vorhatte, sagte sie: „Der Gurt ist so unbequem, wenn ich mich zurücklehne." Ich erklärte ihr: „Es ist aber noch viel unbequemer, im Krankenhaus zu liegen, weil du nicht angeschnallt warst." Sie schnallte sich wieder an. Keiner von uns beiden ahnte, wie vorausschauend und letztlich überlebenswichtig meine Worte sein sollten.

Ich kann nicht sagen warum, aber schon als Junge habe ich immer damit gerechnet, irgendwann einmal in eine extrem schwierige Situation zu geraten. Ich habe nicht unbedingt daran gedacht, in solch einen schweren Verkehrsunfall verwickelt zu werden, aber von meinem einzelgängerischen Typ und meiner Kämpfernatur her hat es mich letztes Endes auch nicht sonderlich schockiert.

Traceys Persönlichkeit und die Art, wie sie aufgewachsen ist, unterscheiden sich sehr stark von meiner. Sie wuchs in dem Glauben auf, die Welt und das Leben seien friedlich und wunderbar, sofern man sich an die Regeln hält und anständig ist. Alles Gute im Leben war eine Belohnung für ein anständiges Leben. Sie wurde also typisch amerikanisch erzogen und war insofern fast die Verkörperung des Amerikanischen Traums.

Ihre Eltern waren schon etwas älter und hatten die Wirtschaftskrise wie auch den Zweiten Weltkrieg erlebt. Ihre Mutter war Krankenschwester und ihr Vater arbeitete nach seiner Zeit als Soldat in der Marine während des Zweiten Weltkriegs in der Stahlindustrie. Beide waren in unmittelbarer Nähe der stinkenden, qualmenden Stahlwerke von Youngstown in Ohio aufgewachsen. Tracey hatte zwei große Schwestern, die einige Jahre älter waren, einen Zwillingsbruder und einen jüngeren

Bruder. Ihr Leben war wie ein Teppich geknüpft, aus schönen Erinnerungen.

Vor Traceys und Tommys Geburt waren Tom und Mary von Ohio nach Wisconsin gezogen. Sie hatten dort bis zu ihrer Rente gelebt, ehe sie nach Florida umzogen.

Meine Eltern waren noch sehr jung, als ich zur Welt kam. Gerade mal einundzwanzig. Von drei Kindern bin ich das älteste. Mein Bruder ist ein Jahr und meine Schwester drei Jahre jünger als ich. Als Familie zogen wir fast alle drei Jahre einmal um. Der Grund: Meine Mutter und mein Vater waren stets auf der Suche nach einem besseren Leben. Ich hatte das Gefühl, mich ständig auf eine neue Umgebung einstellen zu müssen. In der Schule war ich sehr gut, aber ich hasste sie zutiefst. Nie hatte ich das Gefühl wirklich dazuzugehören. Unser letzter Umzug war in dem Sommer, ehe ich auf die Highschool kam. Wir zogen wieder an unseren ersten Wohnort zurück – nach Germantown in Wisconsin, einem kleinen Ort in der Nähe von Milwaukee. Wir freuten uns, in unsere wirkliche Heimat zurückzukehren.

*

Bei Mary und Tom klingelt das Telefon. *Vielleicht rufen sie an, um zu sagen, dass ihr Auto liegen geblieben ist. Vielleicht hatten sie aber auch einen Platten. Oder sie haben sich verfahren. Oder...*, fleht Mary innerlich zu Gott.

Als sie den Hörer abnimmt, ist es nicht das, was sie hören möchte. Über 30 Jahre ist Mary selbst Krankenschwester in der Notaufnahme gewesen. Doch in dieser Nacht muss sie zum ersten Mal jene schrecklichen Worte entgegennehmen, die sie selbst so oft und ungern anderen mitgeteilt hatte: „*Hier ist das Martin-Memorial-Krankenhaus in Stuart. Ihre Tochter und ihr Mann hatten einen Autounfall. Bitte kommen Sie schnell.*"

Die Zeit scheint stillzustehen. Es verschlägt Mary die Sprache. Dann fragt sie: „Wie geht es ihnen? Sind sie am Leben?". Und wieder erhält sie nicht die Antwort, die sie sich erhofft hatte. Die Schwester antwortet zögernd und für Sekunden bricht ihre Stimme fast unmerklich: „Sie leben, aber ihr Zustand ist sehr kritisch. Sie sollten so schnell wie möglich herkommen."

Mary verliert allen Mut. Sie weiß, dass man ihr niemals am Telefon sagen würde, dass einer der beiden gestorben sei oder nicht mehr lange leben werde. Und sie erkennt am Tonfall der Schwester wie auch an der Dringlichkeit in ihrer Stimme, dass es sehr ernst ist, sonst hätte die Schwester sie mit Tracey oder Dann sprechen lassen. Sie weckt Tom und versucht, ihm schonend beizubringen, was passiert ist, aber ihr fehlen die Worte. „Dann und Tracey hatten einen Autounfall und sind verletzt. Wir müssen ins Krankenhaus." Sie ruft ihre Tochter Leslie-Ann an, die nebenan wohnt, um sie zu bitten, auf Meghan aufzupassen. Dann fahren Tom und Mary los.

Die beiden wohnen erst seit einem knappen Jahr in Port St. Lucie und kennen sich in der Gegend noch nicht so gut aus. Zwar weiß Tom, wo Stuart liegt, nicht aber, wo genau das Krankenhaus ist. Sie folgen daher den Schildern in Richtung Stuart – so schnell, wie sie nur können. Mary macht sich große Sorgen. Sie kann sich immer noch nicht überwinden, Tom von ihren schlimmsten Befürchtungen zu erzählen. Dass sie verletzt seien, hatte sie ihm gesagt, nicht aber, dass alles wieder gut werden wird. Sie hofft, noch rechtzeitig anzukommen, bevor... sie kann ihren Gedanken kaum zu Ende denken. Sie will einfach nur Tracey sehen, dann wird alles wieder gut. Es muss wieder gut werden.

Mary betet. Und betet. Tom weiß nicht recht, was er davon halten soll. *Was ist passiert? Hat Dann zu stark aufs Gaspedal gedrückt? Vielleicht ist er zu schnell gewesen. Hat er eine Kurve nicht bekommen? Warum ist Mary so still, so schweigsam?*

Tom, der ewige Optimist, hofft einfach das Beste – dass sie ins Krankenhaus kommen und Dann und Tracey mit ein paar Pflastern und einem Verband vorfinden. *Vielleicht müssen sie eine Weile im Krankenhaus bleiben, kommen in ein paar Tagen wieder heraus, lassen das Auto reparieren und alles ist wieder in Ordnung,* hofft er. Aber auf den Anblick, der sich ihnen im Martin-Memorial-Krankenhaus bietet, sind sie nicht vorbereitet.

Nervös kommen Mary und Tom in die Notaufnahme. Im Wartezimmer ist es still, aber Mary schaut an der Anmeldung vorbei und sieht zahlreiche Ärzte und Schwestern, die eilig hin und her laufen. Mary hasst dieses Wartezimmer – das Zimmer, in dem sie einem sagen, was man nicht hören will; das „Es sieht nicht gut aus"-Zimmer oder das „Sie waren zu schwer verletzt"-Zimmer oder das „Es liegt jetzt in Gottes Hand"-Zimmer oder, noch schlimmer, das „Es tut mir sehr leid"-Zimmer.

Die Ärztin kommt herein, holt tief Luft und berichtet ihnen vom Ausmaß der Verletzungen. „Dann hat Verbrennungen. Schwere Verbrennungen. Aber wir wissen noch nicht genau, welchen Grades. Beide Oberschenkel sind gebrochen, und anscheinend hat er Frakturen im Gesicht. Wir versuchen, ihn zu stabilisieren.

Tracey hat keine Verbrennungen, aber sie ist schwer verletzt. Sie hat zahlreiche Knochenbrüche am ganzen Körper. Sie hat Frakturen im Gesicht und am Unterkiefer.

Beide haben Kopfverletzungen, aber sie sind halbwegs bei Bewusstsein. Das Ausmaß ihrer inneren Verletzungen kennen wir noch nicht, aber wir untersuchen sie jetzt."

„Was ist passiert?", fragt Tom. Dr. Belle schüttelt nur den Kopf. „Ein betrunkener Fahrer ist mit ihnen zusammengestoßen. Es war nicht ihre Schuld."

Mary ist ihr Leben lang abstinent gewesen und kann nicht glauben, was sie da hört. Aber ihr Zorn muss noch warten.

„Können wir zu ihnen?" Dr. Belle sieht ihr in die Augen. „Es sieht sehr schlimm aus. Vielleicht sollten Sie warten, bis wir sie stabilisiert haben." Aber Mary weiß, dass das vielleicht die letzte Gelegenheit sein wird, sie zu sehen. Sie erklärt der Ärztin, dass sie Krankenschwester war, und überredet sie, sie hineinzulassen.

Dr. Belle bemüht sich, sie auf den Anblick vorzubereiten. „Sie erkennen sie vielleicht nicht wieder. Das wird nicht leicht für Sie. Sie müssen jetzt stark sein."

Als Tracey wieder zu Bewusstsein kam, blickte sie in die leuchtenden, aber besorgt dreinblickenden Augen ihrer Mutter. Dann sah sie ihren Vater. Und es tat ihr leid, dass er sie so sehen musste. Sie sagte ihrer Mutter, dass sie schon befürchtet hatte, sie nie wiederzusehen. Und sie erzählte ihnen, wie ein Engel sie gerettet und Jesus sie in den Himmel gebracht hatte und dass sie dort Nannie gesehen hatte. Tom und Mary wussten nicht, was sie davon halten sollten. Halluzinierte Tracey? Hatte sie geträumt? Oder war an ihren Worten etwas Wahres dran? Sie sollten es bald erfahren.

Traceys Zustand ist noch schlimmer, als Mary befürchtet hat. In all den Jahren in der Notaufnahme, damals in Wisconsin, hatte sie nur ein einziges Mal eine Patientin nach einem Unfall gesehen, deren Bein fast ganz nach hinten gedreht war. Diese Patientin erlag später ihren Verletzungen. Genau den gleichen Zustand sieht Mary jetzt bei ihrer eigenen Tochter, nur noch schlimmer. Tracey ist ein blutiges Bündel. Überall an ihr hängen Infusionsschläuche. Sie hat an beiden Oberschenkeln multiple Frakturen, ihr linker Knöchel ist zertrümmert und Knochen stehen heraus. Ihre rechte Hüfte ist ebenfalls gebrochen. Und ihr wunderschönes Gesicht ist zu einer schrecklichen Fratze entstellt. Überall hat sie Schnittwunden und ihr Unterkiefer hängt schief. Es ist ein entsetzlicher Anblick.

Aber als Mary Tracey in die Augen schaut, merkt sie, dass sie sie erkennt. Mühsam stammelt Tracey: „Ich dachte schon, ich sehe dich nie wieder." Mary antwortet in typischer Ohio-Manier: „So leicht wirst du mich nicht los."

Tom bringt kaum ein Wort über die Lippen. Er kriegt es einfach nicht in seinen Kopf hinein, was er vor sich sieht: Seine jüngste Tochter ist nur noch ein zerbrochenes Häufchen Elend. *Mein kleines Mädchen...* Er kann seine Angst und Sorge nicht verbergen. Tränen schießen ihm in die Augen und er kann nur noch sagen: „Ich liebe dich, mein Schatz. Du wirst wieder gesund. Wir kümmern uns um Meghan."

Nach dem kurzen Wiedersehen schiebt ein Team von Ärzten und Schwestern Tracey hastig in den Operationssaal, um mit der gewaltigen Aufgabe zu beginnen, ihre Verletzungen zu behandeln. Ihr Unterkiefer ist zertrümmert, fast alle Rippen sind gebrochen, wie auch ihre rechte Hüfte, ihr Becken, ihre Knie, ihr linker Knöchel und beide Oberschenkel. Als ob das nicht genug wäre, hat sie auch eine Rauchvergiftung erlitten und atmet schwer. Eine Nacht, die schon viel zu lange dauert, wird noch qualvoller und länger, während die Chirurgen sich an die Arbeit machen, Traceys zerbrochenen Körper Stück für Stück wieder zusammenzuflicken.

Tom sieht sich im Raum um. „Wo ist Dann?" Er nimmt Mary bei der Hand und die beiden folgen einer Schwester. Sie gehen in einen durch einen Vorhang abgetrennten Bereich, wo Dann liegen soll. Dort finden sie allerdings nur eine schreckliche Gestalt vor. „Das ist nicht mein Schwiegersohn; das ist er nicht." sagt Tom kopfschüttelnd. *Das kann nicht sein, oder?*

Danns Kopf ist stark geschwollen und doppelt so groß wie normalerweise. Sein Haar ist versengt und auf der rechten Seite völlig weggebrannt. Schwarze Hautfetzen hängen in seinem Gesicht und seine Augen sind tiefrot und lila verfärbt und treten hervor. Tom ist sich nicht bewusst, dass er immer und immer wieder laut vor sich hin sagt: „Das ist nicht mein Schwiegersohn; das ist nicht Dann!" Mary und die Schwestern versuchen, ihn zu beruhigen. *„Wie kann jemand so etwas überleben?"*, fragt er sichtlich um Fassung ringend.

Danns Körper besteht aus einem Wirrwarr an Schläuchen, Blasen auf der Haut und Verbänden. Aber es ist Dann. Es ist der Mann, den ihre Tochter liebt, der Vater ihrer Enkelin, und es sieht gar nicht gut für ihn aus. *Hat er eine Überlebenschance?* Tom beugt sich zu ihm und flüstert ihm mit zusammengebissenen Zähnen und unter Tränen zu: „Du musst durchhalten, Dann. Tracey und Meghan brauchen dich. Du musst um dein Leben kämpfen. Du schaffst das. Wir lieben dich."

*

Mittlerweile ist es schon kurz nach zwei Uhr morgens. Mary weiß, was sie als Nächstes tun muss: Sie muss Danns Eltern, Jerry und Judy, anrufen. Obwohl sie während ihrer Zeit als Krankenschwester Hunderte solcher Anrufe getätigt hatte, ist es dieses Mal etwas ganz anderes. Nichts in der Welt hätte sie darauf vorbereiten können.

Jerry nimmt ab und hört Marys tiefe, raue Stimme. „Jerry, hier ist Mary Wills aus Florida. Dann und Tracey hatten einen Autounfall und sind hier im Krankenhaus. Ihr Zustand ist sehr kritisch ..." Nach einer kurzen Pause fügt sie hinzu: „Meghan war nicht dabei, ihr geht es gut." Sie hört, wie Jerry nur ein „Oh Gott, nein!" hervorbringt.

Kurz erzählt Mary von Danns und Traceys Verletzungen und auch von Danns schweren Verbrennungen. Da Jerry als Polizist und Feuerwehrmann viele Unfälle gesehen hat, weiß er, welch ungeheure Kraft einwirken muss, um einen Oberschenkelknochen zu brechen. Wie gewaltig der Aufprall gewesen sein muss, dass beiden beide Oberschenkel brachen, kann sich Jerry trotzdem nicht ausmalen. Solche gravierenden Knochenbrüche, verbunden mit schweren Verbrennungen, machen es sehr unwahrscheinlich, wenn nicht sogar unmöglich, dass Dann überleben wird.

„Mary, sag mir, wie schlimm es wirklich ist."

Trotz ihrer jahrelangen Erfahrung als Krankenschwester ringt Mary um die richtigen Worte. „Jerry, es sieht sehr schlecht aus. Ich weiß nicht ...". Ihre Stimme versagt. „Im Moment sind beide am Leben, aber sie sind beide sehr schwer verletzt. Du und Judy, ihr müsst so schnell wie möglich herkommen. Ich weiß nicht, wie lange sie noch durchhalten werden."

Nach dem Gespräch mit Jerry ruft Mary ihre eigene Familie an. Susie, Leslie-Ann, Tommy und Rob sollen ins Krankenhaus kommen. Sie braucht ihre Unterstützung angesichts der langen Nacht, und sie weiß, dass Tracey und Dann sie auch sehen möchten.

In Wisconsin informieren Jerry und Judy unterdessen Danns Bruder, Ron, und seine Schwester, Jennifer. Danach leiten sie alles in die Wege, um nach Florida zu fliegen. Am späten Vormittag sind sie auf dem Weg dorthin. Ihre schlimmsten Befürchtungen lasten schwer auf ihrer Brust. Immer wieder vergießen sie Tränen, und sie hoffen, es noch rechtzeitig zu Dann und Tracey zu schaffen.

3
Ein Blick in die Zukunft

Das Leben besteht aus einer Reihe von Ereignissen, Entscheidungen und Umständen. Sie führen uns letztlich zu den Punkten, an denen wir eines Tages stehen. Gemeinsam schaffen all diese Bestandteile eine begrenzte Zahl an Ergebnissen. Jedes von ihnen beeinflusst wiederum das nächste. Insofern begann die Geschichte des gemeinsamen Weges von Tracey und mir bereits in der Highschool.

Wir waren beide neu an der Schule in Germantown. Tracey war erst vor Kurzem aus einer nahe gelegenen Stadt dorthin gezogen und unsere Familie kam aus dem Süden von Illinois. Tracey fand als offenherzige Person schnell Anschluss und neue Freunde. Im Umfeld der Highschool blühte sie förmlich auf. Ich hingegen war ein rebellischer Typ. Dass ich jegliche gesellschaftliche Norm und Autorität missachtete, zeigte ich offen. Zwar war ich gerne wieder in Wisconsin, nur konnte das meine generelle Abneigung gegenüber der Schule keineswegs erschüttern. Ich wurde immer zynischer, was auch immer der Grund dafür gewesen sein mag. Seien es meine eigene Unsicherheit, die hormonellen Wallungen eines Teenagers, die ungewissen Zeiten der späten 1970er-Jahre oder alles zusammen. Irgendwie hatte ich das Gefühl, als würde ich von einer immer finsterer werdenden Welt überrollt.

Mit der Zeit wurde ich noch wütender und rebellischer. Hinzu kam das wachsende Verlangen, bis an die Grenzen zu gehen. Beides zusammen verleitete mich dazu, meinen Nervenkitzel und meine Zuflucht in Marihuana und Alkohol zu suchen. Tracey und ich hätten unterschiedlicher nicht sein können. Gut, wir waren gleich alt, kamen beide aus intakten Familien aus dem Mittleren Westen, mit stabilen Wertmaßstäben – ich war katholisch, Tracey anglikanisch – aber das war es auch schon an Gemeinsamkeiten. Tracey hielt sich an Regeln, während ich sie überschritt, wo ich nur konnte.

Gegen Ende der elften Klasse war jedoch meine wilde Zeit vorbei, genauso wie meine trotzige Haltung und all meine Wut. Den Ausschlag dafür gab ein Buch, das mir mein Vater gegeben hatte: *Die Kraft des positiven Denkens* von Norman Vincent Peale. Es führte mich wieder zum Glauben zurück. Doch es waren nicht so sehr Peales Aussagen, die mich überzeugten, sondern vielmehr die Tatsache, dass mich sein Buch dazu brachte, die Bibel genauer zu lesen. Ich fing an zu verstehen, dass Jesu Worte „Ich bin der Weg, die Wahrheit und das Leben" sowie seine Gebote und Verheißungen uns einen Sinn und ein Ziel im Leben geben sollten – besonders mir. Gott schien nicht mehr der weit entfernte, strenge Patriarch zu sein, als den ich ihn früher gesehen hatte.

Jetzt nahm ich ihn zum ersten Mal als meinen himmlischen Vater wahr und in den Gleichnissen, die Jesus erzählte, vor allem in dem vom verlorenen Sohn, spürte ich seine Liebe. Ich war auf dem Weg eine Beziehung zu ihm aufzubauen, die mir einen Frieden und eine Freude brachte, die ich noch nie erlebt hatte.

Irgendwann beim Bibellesen erinnerte ich mich an ein anderes Buch, dass ich im Alter von dreizehn Jahren einmal gelesen hatte. *Leben nach dem Tod* von Raymond A. Moody hatte mein Leben zutiefst beeinflusst. Das Buch steckte voller Geschichten von Menschen, die Nahtoderfahrungen gemacht hatten. Mich faszinierten diese Geschichten von Engeln und über den Himmel, und sie überzeugten mich als Jugendlichen, dass Gott und der Himmel tatsächlich existierten. Jetzt aber war es meine neu gefundene, persönliche Beziehung zu Jesus, die mich näher zu Gott brachte.

Der Hunger danach, in der Bibel zu lesen und Gottes Reden wahrzunehmen, war in mein Leben zurückgekehrt. Und als ich in die zwölfte Klasse kam, hatte ich Frieden gefunden. Ich fühlte mich lebendiger und hatte meine Gedanken und Gefühle besser unter Kontrolle. Der dunkle Schleier aus Wut, Misstrauen und Bitterkeit, der über meinem Leben gelegen hatte, begann sich zu heben.

◆ Schon vor meiner Veränderung waren Tracey und ich gute Freunde geworden. Wir waren also ein perfekter Beweis dafür, dass sich die sprichwörtlichen Gegensätze anziehen. Vielleicht lag es daran, dass wir uns gegenseitig als Herausforderung angesehen haben. So fand ich in Tracey den Anstand und die Disziplin, die mir fehlten. Und sie entdeckte bei mir die Abenteuerlust und Sorglosigkeit, die ihr fehlten.

Ganz „zufällig" beschlossen wir beide, in La Crosse an der Universität von Wisconsin zu studieren. Ich freute mich vor allem deswegen darüber, weil mir die Stadt bekannt war. Als Kind, im Alter von fünf bis sieben Jahren, hatte ich dort gelebt. Nach unserer Ankunft in La Crosse fing Tracey an, mit einem Jungen aus der Highschool auszugehen, doch ich hatte niemanden, mit dem ich hätte ausgehen können. Am College neue Mädchen kennenzulernen – darauf freut sich wohl jeder junge Mann. Also konnte ich es kaum erwarten, dass Tracey mich ihren neuen Freundinnen vorstellte.

Die ersten Wochen vergingen wie im Flug: neue Umgebung, Unterricht, neue Leute kennenlernen, Partys und jede Menge Spaß. Aber so viele Mädchen ich auch kennenlernte, mit keinem von ihnen verstand ich mich wirklich gut. Rückblickend gesehen lag es wohl daran, dass ich eher auf der Suche nach etwas Festem war, als nach kurzweiligen Abenteuern, die die ständig wechselnden Beziehungen am College so mit sich brachten. Nichtsdestotrotz hatte ich meinen Spaß und dachte, irgendwann schon noch jemanden kennenzulernen, der zu mir passte.

Anfang September fuhr ich zum ersten Mal wieder nach Hause, zur Hochzeit meines Onkels. Zufällig – oder auch nicht – war Tracey als Gast guter Freunde auch zu dieser Hochzeit eingeladen. Wir fuhren zusammen dorthin und verabredeten uns auch gleich für die Rückfahrt am Sonntag.

Die Hochzeit war ein wunderbares Fest. Irgendwann ging ich einmal nach draußen, um etwas frische Luft zu schnappen. Ich schlenderte ein Stück die Landstraße entlang, genoss die kühle Abendluft und fing an, mit Gott zu reden. Ich sprach mit ihm über meinen Wunsch und betete, dass er auch mir jemand ganz Besonderen in mein Leben bringen möge. Ich war so in die „Unterhaltung" mit Gott vertieft, dass ich gar nicht merkte, wie weit ich gelaufen war. Es müssen an die drei Kilometer gewesen sein, ehe ich umkehrte und wieder zur Feier ging.

Tags darauf änderte sich mein Leben ganz unvorhergesehen. Tracey und ich fuhren zusammen mit anderen Freunden zurück nach La Crosse und wir saßen auf dem Rücksitz. Wir unterhielten uns und es wurde sehr ernst und sehr persönlich. Tracey schaute mich irgendwann an und sagte: „Dann, ich glaube, wir beide sollten uns näher kennenlernen." Ich war überrascht und fragte sie, wie sie das meinte. Wir waren doch schon *gute Freunde*. Da wurde sie noch direkter. „Ich glaube, wir sollten miteinander ausgehen." Ich war verblüfft und gleichzeitig etwas amüsiert. Nie hatte ich daran gedacht. Zwar fühlte ich mich geschmeichelt, wusste aber nicht recht, was ich davon halten sollte. Tracey und ich konnten uns stundenlang über alles Mögliche unterhalten, und ich hielt sie auch für ein hübsches Mädchen, nur manchmal übersieht man Naheliegendes einfach. In La Crosse angekommen, wusste ich immer noch nicht, was ich ihr antworten sollte. Ich versprach ihr, sie am nächsten Tag anzurufen.

Am Abend lag ich im Bett und konnte nicht einschlafen. Ich erinnerte mich an mein Gebet, dass ich Gott gesagt hatte, ich wolle jemand ganz Besonderen kennenlernen, und ich fragte ihn, was er geplant hatte. Noch nie hatte ich Gottes Führung so deutlich gespürt, und trotzdem fragte ich mich, ob Traceys Vorschlag sein Wirken war oder nur irgendein Zufall.

Doch die Antwort war zu offensichtlich, als dass ich sie hätte ignorieren können. Es war ja nicht so, als hätte ich erst zwei Wochen zuvor ein Mädchen kennengelernt, das ich nett fand, und müsste jetzt den Mut aufbringen, sie einzuladen, mit mir auszugehen. *Tracey hatte mich eingeladen*, und zwar gleich *am Tag nach meinem Gebet.* Später erzählte mir Tracey, sie habe eigentlich gar nicht beabsichtigt, mir vorzuschlagen, dass „wir uns näher kennenlernen sollten". Irgendwie war ihr das so rausgerutscht. Das war wohl kaum Zufall!

Gleich am nächsten Abend ging ich rüber zu Traceys Wohnheim und fragte sie, ob sie Lust auf einen Spaziergang hatte. Es war eine wundervolle Nacht: wolkenloser Himmel, Sterne, und eine sanfte, kühle Brise, die uns ins Gesicht wehte. Die Bäume schienen bei jedem Windstoß zu seufzen, und die dunklen Schatten der berühmten Klippen von La Crosse zeichneten sich in der Ferne ab.

Wir schlenderten kreuz und quer über den Campus und unterhielten uns entspannt über unsere Freundschaft. Konnte oder sollte daraus mehr werden? Was würde passieren, wenn es nicht funktionierte? Wir hatten so viele Fragen, aber wir wussten auch, dass keiner von uns eine Antwort darauf finden würde, wenn wir nicht den nächsten Schritt wagten. Tracey meinte, dass es sich einfach „gut anfühlte", mit mir zusammen zu sein, aber ich war mir immer noch nicht sicher. *Sollten wir das Ganze einfach vergessen?*

Nachdem wir über eine Stunde herumgelaufen waren und uns unterhalten hatten, kamen wir wieder zu ihrem Wohnheim, und ich war mit jedem Schritt unsicherer geworden. War das Gottes Plan? Wir hörten auf zu reden. Die Stille der Nacht lag unangenehm in der Luft. Keiner von uns wollte den Abend beenden, ohne eine Entscheidung getroffen zu haben, denn gar nichts zu tun, schien schlimmer zu sein, als das Falsche zu tun. Jetzt oder nie. Meine Gebete, der Zeitpunkt, zu dem Tracey mich gefragt hatte, die Stimmung an diesem perfekten Abend – all das war einfach zu überzeugend, um es zu ignorieren. Ich wandte mich zu ihr und zog sie an mich, um sie zu küssen. *Sollte ich das wirklich tun? Würde es etwas bedeuten?* All unsere Sorgen und Fragen kamen zum Schweigen, als sich unsere Lippen berührten. In diesem Moment sprang ein Funke über, der unmissverständlich war. Unsere Herzen und Seelen verschmolzen miteinander. Es war einfach perfekt!

Das war am 8. September 1980. Zum ersten Mal hatte ich erlebt, wie Gott in mein Leben eingegriffen hatte. Und ohne Zweifel wusste ich, dass dies die Antwort auf mein Gebet war. Zwei Wochen später realisierten Tracey und ich, wie verliebt wir ineinander waren. Wir sprachen sogar schon darüber, eines Tages zu heiraten. Doch bis dahin lag noch ein weiter Weg vor uns, auf dem wir lernen mussten, miteinander zu leben und zu wachsen.

Während wir uns immer besser kennenlernten, nahm ich an Tracey eine bemerkenswerte und erstaunliche Fähigkeit wahr: Sie konnte einige Dinge vorhersehen. So kam es, dass sie über jemanden sprach, den sie bereits lange nicht mehr gesehen hatte, und dann tauchte die Person plötzlich innerhalb der nächsten paar Stunden auf. Oder das Telefon klingelte und die Person rief an. Noch eindrucksvoller war, wie sie manchmal, fast beiläufig, Einzelheiten wichtiger Ereignisse beschrieb, die sich wenige Tage oder Wochen später ereigneten. Manchmal schien Tracey auch erschüttert zu sein von den beunruhigenden Seiten ihrer Visionen. Doch Tracey ging nie dazu über, ihre Fähigkeit zu pflegen bzw. sich näher damit zu beschäftigen.

Während unseres ersten Jahres auf dem College hatte Tracey einmal eine sehr eindrückliche Vision. Wir hatten sie fast völlig vergessen. Erst nach unserem Unfall fiel sie uns wieder ein. Tracey und ich waren auf einer Party. Wir hatten gerade noch gelacht und Spaß gehabt. Doch im nächsten Moment sah ich sie plötzlich, ohne jede Vorwarnung, alleine dastehen, und sie wirkte sehr betrübt. „Was ist los?", fragte ich sie. Ihr standen Tränen in den Augen und sie sagte: „Ich hatte gerade eine Vision von uns. Wir waren verheiratet und kamen bei einem Autounfall ums Leben." Ich wusste damals nicht, was ich sagen sollte. Für sie war die Vision ganz real und hatte sie sehr verstört. „Ach, komm schon. Du hast nur eine sehr lebhafte Fantasie", rutschte es aus mir heraus.

Tracey hatte diese Vision mehr als nur einmal, wenn auch nicht mehr so detailliert. Bereits zuvor hatte sie in einer Vision ihren eigenen Tod gesehen, der im Alter von siebenundzwanzig Jahren durch einen Autounfall geschehen würde. Keine aber war so lebhaft und beunruhigend gewesen wie diese auf der Party. Wir sprachen nie wieder darüber. Erst Jahre später, nachdem sich tatsächlich der Unfall ereignet hatte, dachten wir wieder daran.

Auf dem Weg in eine gemeinsame Zukunft schien es uns so, als ob wir die restliche Zeit auf dem College mit dem Durchfeiern von Nächten und Tagträumereien verbrachten. Jedes Lied, das wir hörten, hatte etwas Magisches, spiegelte unsere Stimmung wider und sprach nur zu uns beiden. Trotz vorübergehender Höhen und Tiefen stand jedoch unsere gemeinsame Zukunft nie infrage. Nur acht Monate nach unserem Abschluss, am 7. September 1985, heirateten wir und starteten unsere neue Zweisamkeit.

Als Frischverheiratete fanden wir uns schnell in unseren neuen Rollen zurecht und waren glücklich und zufrieden. Beruflich waren wir auch gut untergekommen. Vier Monate vor unserer Hochzeit hatte mich das Pharma-Unternehmen Syntex Labs als Vertreter eingestellt und Tracey hatte ebenfalls eine gute Stelle bei einer Optiker-Firma gefunden. Wir gaben beide unser Bestes und genossen am Abend die Freizeit miteinander, trieben Sport und verbrachten Zeit mit Freunden und der Familie.

Nur zwei Mal zogen dunkle Wolken an unserem sonst so sonnigen Horizont auf. Beide Male passierte es auf Urlaubsreisen in den ersten Jahren unserer Ehe. 1986, während eines Familientreffens der Davis – Marys Familie – in Ohio, zog ich mir bei einem Basketballspiel mit der Familie einen komplizierten Knöchelbruch zu. Die nächsten Tage verbrachte ich im Krankenhaus, denn ich musste operiert werden und man setzte mir drei Schrauben ins Bein. Mit dem eingegipsten Bein war die Fahrt nach Hause eine Qual für mich. Die nächsten Wochen war ich krankgeschrieben, bis mein Knöchel wieder heilte. Ich kam schnell wieder zu Kräften, doch meine Verletzung hatte unserem Sommer einen ziemlichen Dämpfer verpasst und sollte ein Vorbote sein für eine unserer nächsten Urlaubsreisen.

1988 war für uns ein turbulentes Jahr voller Veränderungen. Wir hielten Ausschau nach einem eigenen Haus, während Traceys Eltern in den Ruhestand gingen und beschlossen, nach Florida umzuziehen. Irgendwo da mittendrin stellten wir voller Freude fest, dass Tracey schwanger war und wir im Dezember unser erstes Kind erwarteten.

Wir kauften ein Zweifamilienhaus im nahe gelegenen Jackson (Wisconsin), kurz nachdem Tom und Mary nach Port St.

Lucie in Florida gezogen waren. Sosehr wir Tom und Mary auch vermissten, hatten wir doch selber eine rosige Zukunft vor uns und waren überglücklich.

Vor dem Umzug im Herbst reisten wir nach St. Thomas, eine Hauptinsel der Jungferninseln, um dort Urlaub zu machen. Während eines Frühstücks dort bekam Tracey, die im dritten Monat schwanger war, seltsame Symptome. Sie konnte nicht mehr sprechen und verspürte ein Kribbeln im Gesicht und Arm. Ich befürchtete das Schlimmste und dachte, sie hätte einen Schlaganfall. Wir fuhren ins örtliche Krankenhaus, wo ihr ein Arzt eine ungewöhnliche Form von Migräne diagnostizierte. Sie war schmerzhaft und angsteinflößend, aber keine ernsthafte Erkrankung mit dauerhaften Schäden. Wir waren erleichtert, wollten dann aber doch so schnell wie möglich nach Hause.

Tracey erholte sich wieder und ein paar Monate später bezogen wir unser neues Haus. Wir waren stolz, Hausbesitzer zu sein. Zugleich merkte ich auch, wie sehr Tracey ihre Eltern vermisste, vor allem, je näher der Geburtstermin rückte. Ihre Geschwister waren schon vor Jahren nach Florida gezogen und jetzt lebte ihre gesamte Familie mehr als 1500 Kilometer entfernt. Für Tracey fühlte es sich so an, als stünde sie in einer der aufregendsten Zeiten ihres Lebens irgendwie am Rand. So, als würde sie eine Party geben und niemand kommt.

Im Dezember waren wir mit allen Renovierungsarbeiten fertig. Wir hatten uns gemütlich eingerichtet, sodass unser neues Haus nun wirklich unser Zuhause war. Die üblichen Babybauchpartys sowie alle anderen Vorbereitungen lagen hinter uns und das Kinderzimmer war fertig für den Neuankömmling. Am Nachmittag des 13. Dezember 1988 war es dann soweit. Nach sechzehn Stunden in den Wehen und einer schwierigen Geburt erblickte Meghan das Licht der Welt. Mit ihren großen blauen Augen schien sie alles und jeden um sich herum zu betrachten. Glücklicher und zufriedener hätten wir nicht sein können als in diesem Moment.

Traceys Mutter Mary kam aus Florida zu uns und griff uns in den ersten Tagen unter die Arme. Trotzdem waren wir durch Traceys lange Erholungsphase, die Hektik der bevorstehenden Weihnachtsfeiertage und die große Umstellung, von der alle jungen Eltern betroffen sind, bewirkten, dass wir am Jahresende völlig erschöpft waren.

Auf dem Weg zurück in einen normalen Alltag gab es einige kleinere Hindernisse. Meghan erkrankte an Neugeborenengelbsucht, und wir mussten wieder ins Krankenhaus, um sie untersuchen und behandeln zu lassen. Dieser Winter war ganz besonders kalt. Irgendwie schien es jeden zweiten Tag zu schneien. Und als junge Eltern, die mit ihrem ersten Kind typischerweise übervorsichtig umgehen, verließen wir mit Meghan nur dann das Haus, wenn es zur Untersuchung ins Krankenhaus ging oder es unbedingt notwendig war. Wir waren also ein wenig ans Haus gefesselt. Tracey erlitt dann noch Ende Januar eine Brustentzündung und es ging ihr einige Tage lang sehr schlecht.

Für Tracey kam einiges zusammen: Sie vermisste ihre Eltern, war erschöpft vom unterbrochenen Schlaf und hatte sich von der Geburt, Brustentzündung und einer Grippe zu erholen. Inmitten all dem fiel sie in einen tiefen Erschöpfungszustand mit Empfindungen, die sie bis dahin nicht gekannt hatte. Tracey fiel es schwer, damit umzugehen, den Erwartungen zu entsprechen, eine glückliche junge Mutter zu sein, angesichts ihrer Erschöpfung und dem Gefühl, unzulänglich zu sein. Anfang März 1989 hatte sie einen Tiefpunkt erreicht und ging zum Arzt.

Der Arzt erklärte ihr, dass die hormonelle Umstellung nach der Schwangerschaft, zusammen mit ihren Erkrankungen und dem Schlafmangel, sie in eine Wochenbettdepression versetzt hatte. Zum Glück konnte man sie behandeln, und schon nach wenigen Wochen begannen die dunklen Wolken der Verzweiflung, die sich auf Tracey gelegt hatten, sich aufzulösen. Das wärmer werdende Wetter und die längeren, sonnigen Frühlingstage taten ihr Übriges. Auch flog Tracey kurz nach Florida, um ihre Eltern und den Rest der Familie zu sehen. Als sie zurückkam, war sie wieder ganz die alte fröhliche Tracey. Schon bald darauf schmiedeten wir Pläne für einen gemeinsamen einwöchigen Urlaub in Florida, Anfang September.

Es sollte unser erster gemeinsamer Familienurlaub werden seit Meghans Geburt. Tracey freute sich darauf, Zeit mit ihrer ganzen Familie zu verbringen. Insbesondere ihr Vater war gespannt darauf, seine kleine Enkelin zu erleben. Da er sie im März nur kurz gesehen hatte, wollte er nun mehr Zeit mit ihr verbringen – auch weil sie nun mit ihren neun Monaten viel aktiver war. Am 2. September 1989 machten wir uns also auf den Weg nach Florida.

Die ersten Tage unseres Urlaubs genossen wir sehr. Wir lagen an Toms und Marys Pool und aßen uns an dem reichhaltigen Essen satt oder wir lachten mit der ganzen Familie über Erinnerungen. Die Stimmung war fröhlich und ausgelassen. Traceys schwere Zeit gehörte der Vergangenheit an, Meghan blühte angesichts all der Aufmerksamkeit, die sie bekam, auf und ich war einfach entspannt und glücklich. Besser gings nicht.

Anlässlich unseres vierten Hochzeitstags, der in dieser Urlaubswoche lag, verabredeten wir uns mit Tommy und seiner Freundin in West Palm Beach zum Abendessen. Der Abstecher war eine gute Gelegenheit, ihn zu besuchen und seine Freundin sowie seine Freunde von der Polizeidienststelle, wo er arbeitete, einmal kennenzulernen.

Tracey hatte Befürchtungen im Vorfeld des Abends, von denen sie mir aber nichts erzählte. Mit ihrer damaligen Vision hatten sie allerdings nichts zu tun, diese hatte sie längst vergessen. Ihre Sorge ließ sie sich nicht anmerken. Wir freuten uns beide, essen zu gehen und den Abend mit Tommy zu verbringen.

Wir fuhren abends gegen sechs Uhr los und tankten unterwegs noch den Ford Merkur meines Schwiegervaters voll. Wir waren am absoluten Höhepunkt unseres gemeinsamen Lebens angekommen und wollten es an diesem Abend feiern: Wir hatten einander, eine fröhliche, gesunde Tochter, waren selbst gesund, hatten wunderbare Familien, Arbeitsstellen, Freunde, und vor uns lag eine vielversprechende Zukunft. Tracey und ich sprachen oft darüber, wie dankbar wir Gott für seinen reichen Segen waren. Wir hatten das Gefühl, unser Leben konnte gar nicht mehr besser werden. In vielerlei Hinsicht sollte es auch nicht so sein.

4

„Hat sie ihn gesehen?"

Am nächsten Morgen steht Traceys Vater im Wartezimmer der Intensivstation, als Pedro Gimenez hereinkommt, begleitet von einer Krankenschwester, die ihm Tom zeigt. Hastig geht er auf Tom zu und kommt ihm sehr nahe: „Hat sie ihn gesehen?", will Pedro Gimenez wissen. Tom weicht einen Schritt zurück. „Wer sind Sie? Und was meinen Sie?"

Pedro wird immer aufgeregter. „Ich war gestern Abend bei dem Unfall. Ich bin dazugekommen, kurz nachdem es passiert ist. Hat Ihre Tochter den Engel gesehen?" Tom bestätigt, dass Tracey ihm und Mary von einem Engel erzählt hat. Allerdings wusste er nicht so recht, was er davon halten sollte, angesichts des ganzen Durcheinanders in der Notaufnahme und da Tracey wegen ihres gebrochenen Kiefers und des geschwollenen Gesichts nur mühsam sprechen konnte. Pedros fesselndem Bericht der Ereignisse der vergangen Nacht hört er daher gespannt zu.

„Gestern Abend fuhr ich auf dem Highway und sah auf einmal ein brennendes Auto. Ich hielt an und ging auf die Unfallstelle zu. Überall liefen Menschen umher und schrien. Sie riefen, dass noch jemand im Auto sei. Es war grauenvoll." Tränen rollen Pedros Wange entlang, als er weitererzählt: „Ich sah zwei Männer auf die Beifahrerseite laufen, zu Ihrer Tochter. Einer der beiden war aus dem Wald gekommen! Er leuchtete, und seine Augen strahlten – ich wusste auf einmal, das musste ein Engel sein. Aus dem Nichts war er aufgetaucht. Dann sah ich, wie er Ihrer Tochter mit seiner Hand übers Gesicht strich und ihr sagte, dass alles wieder gut werden würde ...". Pedros

Stimme wird merklich leiser. „Und dann stand er auf und ist wieder in den Wald gegangen. Er ist einfach verschwunden. Keine Ahnung wohin. Er war einfach ... weg!"

Tom sieht Pedro ungläubig an, und er fängt an zu verstehen, dass letzte Nacht etwas Unglaubliches geschehen sein muss. Mit stockenden Worten hatte Tracey davon erzählt, dass ihr ein Engel zu Hilfe gekommen sei und dass sie Nannie, Toms Schwiegermutter, gesehen habe, die vor über 25 Jahren gestorben war. Außerdem hatte Tracey gesagt, sie habe Jesus gesehen, ein Engel sei bei ihr gewesen, der Engel, der sie aus dem Feuer gerettet habe.

Mit einem Mal wird Tom bewusst: So unerträglich die letzte Nacht auch war und das Warten heute Morgen ist – vergangene Nacht hat auf dem Highway etwas ganz Außergewöhnliches stattgefunden. *War es ein Wunder?* Angesichts von Danns und Traceys entstellten Körpern fiel es schwer, sich vorzustellen, dies mit einem göttlichen Eingreifen zu vereinbaren. Doch trotzdem war klar, dass eine ganz besondere Macht den beiden irgendwie das Leben gerettet hatte.

Tom gehen wirre Gedanken durch den Kopf: *Wie konnte jemand einen Frontalzusammenstoß mit 100 Stundenkilometern überleben? Selbst den betrunkenen Fahrer hatte es erwischt, obwohl es meist doch die Verursacher sind, die einen solchen Crash am ehesten überleben. Nun aber waren Tracey und Dann beide noch am Leben. Menschlich gesehen war das unmöglich. Vielleicht kommen sie sogar durch, wenn Gott gnädig ist,* dachte Tom. Doch sich dies vorzustellen, schien jetzt noch zu schön, um wahr zu sein. Tom will nicht mit ihrem Überleben rechnen, solange er weiß, jeden Augenblick könnte er die niederschmetternde Nachricht erhalten, dass einer von ihnen oder beide ihren Verletzungen erlegen sind. Trotzdem scheint die Tatsache, dass sie einen Unfall diesen Ausmaßes überhaupt überlebt haben – zumindest für den Augenblick –, ein Wunder zu sein.

Tom bedankt sich bei Pedro und sagt ihm, er werde Tracey von seinem Besuch erzählen. Und Pedro erwidert, dass er für die beiden beten werde.

Sein ganzes Leben lang ist Tom bereits gläubiger Christ. Dass Gott eingegriffen hat, um Dann und Tracey zu retten, bezweifelt er nicht. Dennoch treiben ihn etliche Fragen um: *Warum schickte Gott einen Engel, der sie vor dem Tode bewahrte, nicht aber vor diesem schrecklichen Leid? Warum hatte er den Unfall nicht einfach verhindert?* Nur allzu gerne würde Tom daran glauben wollen, dass „alles gut wird" – wie es der Engel Tracey gesagt hatte. Nur dazu braucht es dieselben Worte aus dem Mund von Tracey. Vielleicht kann er es dann glauben.

*

Später am Abend ist Susie, Traceys Schwester, bei ihr im Zimmer. Unruhig schlummert sie ein wenig, als ein leises Klopfen sie hochschrecken lässt. Es ist Ben Williams, einer der Retter. Er hat Geschenke bei sich – je eine Bibel für Dann und Tracey, mit ihren Namen auf dem Einband eingeprägt, eine kleine Tafel mit dem Gedicht „Spuren im Sand" und eine sehr großzügige Geldspende. Da Besucher das intensivmedizinische Zimmer nicht betreten dürfen, verlässt Susie das Zimmer und geht mit Ben eine Tasse Kaffee trinken, um sich mit ihm zu unterhalten.

Susie ist ganz überwältigt von der Großzügigkeit und Sorge völlig fremder Menschen, die Geld für Dann und Tracey zusammengelegt haben. Als sie sich nach dem Grund dafür erkundigt, sagt Ben: „Gestern war eine ganz außergewöhnliche Nacht – und damit meine ich nicht nur den Unfall und die Rettungsaktion." Und er erzählt Susie von sich, dass er als Christ des Öfteren an Missionseinsätzen auf der ganzen Welt teilnimmt. Doch nirgends habe er je so stark das Gefühl gehabt, nur noch beten zu können als gestern Nacht, wo so viel Durcheinander rund um das Auto herrschte.

Ben hatte auf der Straße inständig und voller Hoffnung um Rettung für die beiden gebetet. Er sah, wie seine Freunde zunächst Dann aus dem brennenden Auto zogen und sich anschließend weiter um Tracey bemühten. Nachdem Tracey schließlich befreit werden konnte, hätte er niemals mit der überwältigenden, heilenden Kraft Gottes gerechnet, durch die sie gerettet wurde. Gespannt hört Susie Bens Beschreibungen und Eindrücken aus dieser Nacht zu.

Kurz nachdem Ben gegangen ist, kommen bereits die nächsten Besucher, mit einem großen Blumenstrauß für Tracey. Es sind Mike Debevec und Kyle Longwell. Die beiden schildern noch mehr Details der Rettungsaktion und Susie ist von ihrer demütigen Haltung beeindruckt. Ihr Bemühen um Tracey spielen sie herunter – als sei es völlig normal, die Tür eines brennenden Wagens aufzustemmen und auf ein glühend heißes Dach zu steigen, um jemanden zu befreien. *Unvorstellbar!*

Ein paar Stunden später kommt noch James Vellum vorbei. Susie wird von ihm so fest zur Begrüßung gedrückt, dass sie fast keine Luft mehr bekommt. Er erzählt ihr, was er gesehen hat und wie er vergeblich versucht hat, Traceys Tür und das Fenster mit einer Latte aufzustemmen. Auch wiederholt er noch einmal, was Debevec, Longwell und die anderen bereits beschrieben hatten und erzählt ihr, wie verzweifelt alle waren, Tracey nicht befreien zu können. Anschließend fragt James, sichtlich mitgenommen, Susie:

„Hat sie ihn gesehen?"

„Wen?"

James holt tief Luft und erklärt: „Ich habe einen Mann aus dem Wald kommen sehen, unmittelbar bevor Ihre Schwester aus dem brennenden Auto gezogen wurde." Einen Augenblick zögert er, dann fährt er fort: „Ich, ich ... ich sage Ihnen, der

Mann war ein Engel. Bis dahin konnte niemand sie herausziehen, aber als der Engel auftauchte, zog der andere Mann sie heraus, als sei sie federleicht. Sie wurde auf die Straße gelegt, dort wo ich stand. Der Engel beugte sich über sie, strich ihr mit der Hand übers Gesicht und sagte ihr, es würde alles wieder gut werden. Dann hat er mir direkt in die Augen gesehen, fast als könnte er durch mich hindurchschauen, und hat gesagt: ‚Kümmert euch um Tracey!‘ Das war alles. Dann ist er in den Wald zurückgegangen.“

Sichtlich bewegt von dem Erlebten holt James ein selbst gemaltes Bild von Jesus hervor und bittet Susie, es Tracey zu geben.

Mich beeindruckt es immer noch zutiefst, dass nur wenige Minuten nach dem Zusammenstoß drei tief gläubige Männer – Debevec, Longwell und Williams – zugegen waren. Während andere viel zu panisch und schockiert waren, um zu handeln, wussten diese drei, was zu tun war. Williams betete inständig für unsere Rettung und Debevec und Longwell handelten beherzt.

Für mich ist es auch kein Zufall, dass in dem Augenblick, als Traceys Leben verloren schien, drei Menschen bei Gott darum flehten, dass sie gerettet würde: Tracey selbst, eine Frau, die neben dem Auto kniete, und Ben Williams hinter den Menschen. Und das sind nur die, von denen wir wissen, dass sie gebetet haben. Ich bin mir sicher, dass es noch mehr waren.

Anschließend bemerkten einige einen weiteren Mann, der zu dem Unfall kam, und sie waren sich allesamt sicher, dass es ein Engel war. Ben Williams sagte, er habe die „überwältigende, heilende Kraft Gottes“ gespürt. Und auch Kyle Longwell sagte, als er in das Auto griff, um Tracey herauszuziehen, habe er gespürt, „wie eine Kraft über ihn gekommen sei“, sodass er sie befreien konnte.

All das war weder eine Fantasie noch ein Wunschdenken, geschweige denn ein Zufall. Die Geschehnisse in dieser Nacht waren wirklicher als alles, was wir je erlebt haben oder erleben werden.

Erstaunlicherweise sollte diese Nacht der Auftakt einer ganzen Reihe von Ereignissen und Situationen sein, in denen Gott uns zeigen würde, dass er uns in Schwierigkeiten segnen will – ganz gleich, wie groß sie auch sein sollten. Und manchmal war dieser Segen genauso außergewöhnlich wie die Ereignisse jener Nacht.

5

Der Kampf – Runde 1

Nachdem ihr Flugzeug am Flughafen von Fort Lauderdale gelandet und zum Gate gerollt ist, können Jerry und Judy den Weg durch die Gangway kaum ertragen. Sie wissen nicht, welche Nachrichten sie erhalten werden. Sie entdecken Traceys Schwägerin, Vicki Wills – Robs Frau. Sie ist Krankenschwester und kann ihnen das Ausmaß der Verletzungen von Dann und Tracey erklären. Aber vor allem ist sie gekommen, um sie auf das vorzubereiten, was sie bald sehen werden.

In Vickis Augen suchen Jerry und Judy nach einer Antwort. Ihr Blick verrät, dass Dann und Tracey zumindest noch am Leben sind, und sie bringt die beiden, so gut sie kann, auf den neuesten Stand.

„Ihr werdet Dann nicht erkennen. Sein Kopf und sein Gesicht sind stark geschwollen, ebenso seine Augen. Sie haben sich lila verfärbt und sehen aus wie Pflaumen. Und er hat schwere Verbrennungen. Ich will nur, dass ihr vorbereitet seid." Anschließend zählt sie seine übrigen Verletzungen auf. „Seine Oberschenkel haben mehrfache Frakturen erlitten und er liegt in einem Streckverband. Im Gesicht sind fast alle Knochen gebrochen, sein rechter Arm und die Hand wie auch die rechte Seite seines Kopfes und Gesichts sind verbrannt. Auch am übrigen Körper hat er stellenweise Verbrennungen."

Als sie am Krankenhaus ankommen und aus dem Auto steigen, hält Vicki sie noch einmal zurück. „Bevor ihr hineingeht, denkt daran, dass ihr Dann nicht erkennen werdet. Es wird sehr schwer für euch. Ich will euch nur warnen."

Da Dann gerade aus dem Operationssaal kommt und sie noch warten müssen, ehe sie zu ihm können, gehen sie zuerst zu Tracey. Am Becken und an den Beinen trägt sie einen Streckverband. Mehrere Gewichte, die über ihrem Bett hängen, halten ihre Knochen am richtigen Platz. Sie ist von Kopf bis Fuß bandagiert und ihr Gesicht ist wegen der Knochenbrüche und Schnittwunden stark geschwollen. Ein Sauerstoffgerät unterstützt ihre Atmung, da ihre Lunge immer noch wie betäubt ist vom Rauch und der Hitze. Als Jerry und Judy sie so sehen, müssen sie weinen und ringen um Worte: „Wir lieben dich, Tracey. Sei tapfer, Dann und Meghan brauchen dich." Tracey kann nicht sprechen, aber ihre Lippen formen ein Wort: „Feuer". Mehr nicht.

Sie verlassen Traceys Zimmer und gehen zu Dann. Vor der Tür schauen sich Jerry und Judy noch einmal an, um sich gegenseitig Kraft zu schenken, holen tief Luft und gehen hinein. Was sie dann sehen, übersteigt alles, worauf Vicki sie versucht hatte, vorzubereiten.

Der Mensch, der da vor ihnen im Bett liegt, kann unmöglich ihr Sohn sein. Nichts an ihm erkennen sie wieder – außer einen Büschel seiner schwarzen Haare, das noch übrig ist. Ihnen sacken die Knie weg und der Mut verlässt sie. Sie klammern sich aneinander, stützen sich gegenseitig und bewegen sich langsam auf Danns Bett zu. „Dann ... kannst du uns hören?"

Das Nächste, woran ich mich irgendwie erinnern kann, nachdem ich Tracey kurz vor unserem Unfall gebeten hatte, angeschnallt zu bleiben, war mein Zustand am nächsten Tag im Krankenhaus. Mit meinem Kopf war ich so heftig gegen das Lenkrad und das Armaturenbrett geprallt, dass mein Gehirn wie gelähmt und offenbar außer Kraft gesetzt war. Denn die kleinen elektrischen Impulse, die für Erinnerungen sorgen, wurden nicht mehr ausgelöst. Es war, als versuchte man, mit einem Kuli auf Glas zu schreiben. Selbst wenn ich äußerlich betrachtet bei Bewusstsein war, drang die Wahrnehmung nicht bis in mein Gedächtnis vor. Während der ersten Tage und Wochen lebte ich dahin wie in einem hellen, weißen Nebel. So, als schwebte ich auf einer leuchtend weißen Wolke. Brachte mich allerdings etwas zu Bewusstsein, hatte ich das Gefühl, wie in eine körperliche Realität zurückgezerrt zu werden. Nur bruchstückhaft erinnere ich mich daher an diese Zeit, was mich immer noch etwas traurig macht.

Die Stimme meiner Mutter war das Erste, woran ich mich vollständig erinnere. Sie sagte: „Dann, weißt du, dass Meghan nicht bei euch im Auto war?" Sofort gingen mir die Gedanken durch den Kopf: *Ich kann nichts sehen. Ich liege in einem Bett. Ich weiß, dass ich in Florida bin, Mama und Papa sind da, und sie erzählen mir, dass Meghan nicht bei uns war. Ich muss einen Unfall gehabt haben.* Und dann wusste ich: *Da ist er – der Kampf um mein Leben, den ich schon immer geahnt hatte.* Doch ich war weder beunruhigt noch besorgt. Irgendwie wusste ich, ich würde das schon überleben. Dass ich mit aller Kraft kämpfen würde – nur konnte ich es niemandem sagen, denn ich war zu schwach, um zu sprechen.

Meine Eltern versuchten, mir zu versichern, dass es Tracey gut ging und fragten mich: „Dann, weißt du, dass du Verbrennungen erlitten hast?" Nein, das war mir nicht bewusst. Mir fiel es schwer, überhaupt irgendwelche Informationen zu verarbeiten, die mehr als das Unmittelbare betrafen. Ich akzeptierte einfach, was man mir sagte – dass ich irgendeinen Unfall und schwere Verbrennungen erlitten hatte. Weder wusste ich um meine anderen Verletzungen und deren Ausmaß noch hinterfragte ich irgendetwas. Insofern verließ ich mich einfach auf die Aussage meiner Mutter, Tracey gehe es gut.

Nachdem sie mein Zimmer verlassen hatten und in das Wartezimmer gegangen waren, konnten sich meine Mutter und mein Vater kaum noch beherrschen. Mein Vater war aufgrund der Schwere und des Ausmaßes meiner Verletzungen sehr beunruhigt. Besonders zu schaffen machte ihm, dass ich so schnell und flach atmete – wie ein hechelnder Hund, nur noch schneller. In all seinen Jahren als Polizist, Feuerwehrmann und Angestellter von Firmen für medizinischen Bedarf hatte er nie jemanden gesehen, der so schwer verletzt war wie Tracey und ich und trotzdem noch lebte. Meine Mutter war wie erschlagen. Für sie sah das Ganze hoffnungslos aus, als sei mein Körper völlig zerstört. Sie weinte vor Trauer und Schmerz, wie ihn nur eine Mutter für ihr Kind empfinden kann.

Nach den ersten Schockmomenten fanden meine Eltern die Fassung wieder, denn sie wussten, dass sie um Traceys und meinetwillen ihre Gefühle unter Kontrolle halten mussten. Sie hatten das Gefühl, dass sie genauso um unser Leben kämpfen mussten wie wir selbst.

Das Nächste, woran ich mich erinnern kann, verfolgt mich bis heute. Traceys Tante Jane (Marys Schwester) war aus Ohio zu uns geflogen und besuchte mich in meinem Zimmer. Ich glaube, sie hielt meine rechte Hand. Ein Auge konnte ich öffnen und sah den traurigsten Ausdruck, den ich je im Gesicht eines Menschen gesehen hatte. Tante Jane sah zu mir hinunter und sagte mir, dass sie mich liebte.

*

Einer der wichtigsten Eingriffe, die die Chirurgen im Martin-Memorial-Krankenhaus an mir vornahmen, war die Fasziotomie, bei der man einen Schnitt setzt, um eine Druckentlastung des Gewebes herbeizuführen. Schwere Schwellungen hatten die Durchblutung in meinem rechten Arm unterbrochen, was zum sogenannten Kompartmentsyndrom, einem inneren Gewebedruck, führte. Die einzige Möglichkeit, dass das Gewebe wieder durchblutet würde, war ein tiefer Schnitt durch mein verbranntes Fleisch, der die Haut und das darunterliegende Gewebe des Arms vom Ansatz meines Mittelfingers bis zur Achselhöhle öffnete.

Dr. Juarez erklärte meinen Eltern, dass dieser Eingriff nur eine Notfallmaßnahme sei. Um eine Amputation des Armes zu verhindern, müsste ich in eine Spezialklinik für Verbrennungen verlegt werden. Genau genommen sagte er ihnen, dass dies erforderlich war, nicht nur, um meinen Arm, sondern auch, um mein Leben zu retten.

Das Problematische daran war der Transport. Während Dr. Juarez fest davon überzeugt war, mich unbedingt in eine Spezialklinik verlegen zu müssen, erklärten andere Ärzte meinem Vater, dass ich zu schwer verletzt war und den Hubschrauberflug nicht überleben würde. Eine Entscheidung über den Transport zu treffen, war für meinen Vater eine Qual. Schließlich stellte er sich zum Urteil von Dr. Juarez, dass das Martin-Memorial-Krankenhaus nicht geeignet war, um meine schweren Verbrennungen zu behandeln. Zu bleiben wäre eine passive Entscheidung und beinahe mein Todesurteil gewesen. Der Flug mit dem Notarzthubschrauber in eine Spezialklinik war eine offensive Herangehensweise. Wenn ich sterben sollte, dann nur, nachdem ich um mein Leben gekämpft hatte. Also beschloss mein Vater am 10. September 1989, einem Sonntagmorgen, mich in eine Spezialklinik für Verbrennungen verlegen zu lassen – ganz gleich, wie riskant das war. Das einzig freie Bett war im Tampa General, und so wurde alles vorbereitet, um tags darauf zu fliegen.

Ein ganzes Team von Ärzten und Schwestern bereitete mich am Montagmittag für den Flug nach Tampa vor. Umgeben von Infusionen und Monitoren, in dicke Verbände gewickelt und eingepackt in eine spezielle Kompressionshose, schoben sie mich den Gang entlang. Beide Familien begleiteten mich auf dem Weg zum Hubschrauber. Dann legte das Ärzteteam mit mir noch einen obligatorischen Zwischenstopp ein: Wir hielten kurz auf der Intensivstation, damit Tracey und ich uns voneinander verabschieden konnten.

Wir staunen im Nachhinein beide, wie unser Gehirn uns angesichts unseres Zustands in unserer Wahrnehmung voneinander voreinander schützte, denn Tracey und ich erinnern uns beide daran, dass wir uns gegenseitig als völlig normal wahrgenommen haben, während wir so gut wie möglich versuchten, mit unseren gebrochenen und geschwollenen Gesichtern und den fixierten Kiefern zu sprechen. Ich weiß nicht mehr, ob ich Tracey tatsächlich gesehen habe. Vielleicht dachte ich auch nur, ich hätte sie gesehen. Erinnern kann ich mich nur noch an die Worte, die ich ihr gesagt habe: „Ich liebe dich, mein Schatz. Sei stark, halte durch! Ich liebe dich." Und Tracey erwiderte: „Ich liebe dich auch! Werde wieder gesund, dann sind wir bald wieder zusammen." Unseren Optimismus teilte nicht jeder, der im Zimmer war, dessen bin ich mir sicher. Jeder hatte Tränen in den Augen. Dass wir beide den Zusammenprall überhaupt überlebt hatten, war zurückzuführen auf das übernatürliche Eingreifen eines Engels. Nun aber lag vor uns ein langer und schwieriger Weg. Um ihn zu überleben, brauchten wir weiter göttliche Begleitung.

Mit meiner unausgesprochenen Befürchtung, Tracey vielleicht niemals mehr wiederzusehen, ging es für mich zum Hubschrauberlandeplatz. Mein Vater war sichtlich bedrückt, schließlich war er es gewesen, der den notärztlichen Transportflug nach Tampa angeordnet hatte. Als er den Hubschrauber am Himmel von Florida langsam verschwinden sah, war er trotzdem in seinem Herzen bei mir. Er war sich fast sicher, mich nie wiederzusehen.

Glücklicherweise gab es auf dem Flug nach Tampa keinerlei Zwischenfälle. Ich kann mich noch daran erinnern, warme Brisen vom Meer her gespürt zu haben, nachdem wir gelandet waren und die Tür des Helikopters geöffnet wurde. Leider ist das Erste, an das ich mich erinnern kann, als wir ins Krankenhaus kamen, dass ein Pfleger laut fluchte und rief: „Wir haben kein freies Bett für ihn!"

Angesichts meiner eingeschränkten Möglichkeit, klar zu denken, geschweige denn mich zu artikulieren, ging ich davon aus, man hätte mich im Stich gelassen. Ich dachte, irgendwo auf dem Flur zu liegen – schließlich konnte ich ja nichts sehen und hatte nicht die leiseste Ahnung, wo ich war. Wahrnehmbar waren für mich nur die Schmerzen, die den Rest des Tages und die darauffolgende Nacht anhielten. Als würden schreckliche Qualen jede Zelle meines Körpers durchdringen, schrie jede Zelle vor Schmerz. Wenn ich versuchte, mich auf eine kleine schmerzhafte Stelle zu konzentrieren und sie unter Kontrolle zu bringen, zu beherrschen, den Schmerz zu besiegen, dann machte sich gleich eine neue Welle von Schmerz in meinem Bein, Arm, Kopf oder Gesicht breit. Unaufhörlich ging das so weiter bis ich das Gefühl hatte, keinen Körper mehr zu haben, sondern nur noch aus Schmerzen zu bestehen. Mein Kopf schien sich dabei auszuschalten und ich flüchtete abermals in das weiße Licht. Niemals fühlte ich mich dabei so, als würde ich sterben. Es war eher wie ein anderer Bewusstseinszustand. Weder bei Bewusstsein noch bewusstlos. Nicht wirklich tot, aber auch nicht lebendig. Ich schwebte irgendwo dazwischen.

Als ich mit meinen Qualen so dalag, hatte Zeit keine Bedeutung mehr für mich. Die respektlosen Kommentare des Pflegers und meine zeitweilige Bewusstlosigkeit vermittelten mir den Eindruck, tagelang auf dem Flur des Krankenhauses zu liegen.

Was ich nicht wusste: Irgendwo zwischen dem Verladen in den Hubschrauber und unserer Ankunft in der Notaufnahme von Tampa war meine Krankenakte verloren gegangen. Die Ärzte in Tampa hatten keine Information über meinen

Zustand, welche Verletzungen ich hatte und welche Medikamente sie mir geben durften. Deswegen bekam ich fast den ganzen Tag und bis in die Nacht hinein keinerlei Schmerzmittel.

Erneut musste ich eine ganze Reihe von Untersuchungen über mich ergehen lassen, bis die Ärzte meinen Zustand ermittelt hatten. Ich fühlte mich wie ein alter Teppich, der ausgeschlagen und ins Eck geworfen wurde. Dort wurde ich dann meinen quälenden Wunden überlassen. Mir ist bis heute schleierhaft, warum nicht im Martin-Memorial-Krankenhaus angerufen oder ein Fax dorthin geschickt wurde. Wann ich endlich wieder Morphium bekam, weiß ich nicht mehr. Das Letzte, woran ich mich an diesem höllischen Tag erinnere, ist eine weitere Untersuchung. Doch es sollte noch drei Wochen dauern, ehe mein Bewusstsein vollends wiederhergestellt war.

*

Traceys erste Tage und Wochen im Krankenhaus bekam sie nur allzu gut mit. Nachdem sie die Qualen in der Notaufnahme überstanden hatte, wachte sie nach den Operationen an ihrem Kiefer, ihrer Hüfte und ihrem Knöchel wieder auf, um eine neue Form von Qual zu erleben: Sie lag in einem Streckverband, der ihr Becken und ihre Hüfte sowie das linke eingegipste Bein mittels Gewichten fixierte. Er sollte den Knochen in ihrem zertrümmerten Knöchel den richtigen Platz wieder zuweisen.

Tracey war erschöpft vor Schmerz, zuckte bei jedem Atemzug zusammen und schrie leise auf bei jeder Regung ihrer Muskeln. Ihr Körper war durch die Verletzungen so mitgenommen, zerschrammt und geschunden, zudem war er überall durch Zugkabel und Drähte des Streckverbandes fixiert, dass es ihm unmöglich war, ihren Bewegungswünschen zu gehorchen.

Selbst unter all diesen Schmerzen erwachte Tracey zwischendrin erstaunlicherweise oft mit einem Lied in ihrem Herzen und auf den Lippen: „Heilig, heilig, heilig, Gott, du bist heilig" oder: „Hosanna, Hosanna, Hosanna in der Höhe". Sicher, Tracey war in der Gegenwart von Jesus gewesen, fast hätte sie Gottes Angesicht gesehen und ein Engel hatte sie angerührt. Entweder hatte Tracey diese Lieder tief in ihrer Seele gehört, als sie „starb", oder sie war einfach so ergriffen von Gottes Gegenwart, dass die Lieder ihr ganz spontan in den Sinn gekommen waren und sie einfach mitsingen musste. Wie auch immer, sie lobte Gott für seine Güte und seine Wunder, die er an uns getan hatte.

Im Gegensatz zu den himmlischen Lobgesängen, die Tracey Frieden gaben, waren da allerdings auch die schrecklichen Geräusche des Unfalls, die sich tief in sie hineingegraben hatten: Quietschende Reifen, splitterndes Glas, knirschendes Metall und unsere Schreie ließen sie das Grauen immer wieder durchleben, vor allem nachts.

Jeden Tag fürchtete sich Tracey, wenn es dämmrig wurde und die Nacht bevorstand. Die nächtliche Stille im Krankenhaus verstärkte zudem alle Geräusche. Fiel irgendwo etwas zu Boden, wurde daraus unser Unfall, sodass sie die grauenvollen Augenblicke wieder und wieder durchlebte.

Neben dem Kampf ums Überleben hatte Tracey in den ersten Tagen und Wochen im Krankenhaus noch einen anderen Kampf auszufechten, und zwar einen geistlichen. Der Unfall, der ihr Leben zerstört hatte, kam so unerwartet und war so jenseits von allem, was sie je erlebt hatte oder sich vorstellen konnte, dass sie ihren jetzigen Zustand nicht mit den bisherigen Vorstellungen ihrer Zukunft in Einklang bringen konnte. Ihr innerer Konflikt äußerte sich in einer tiefen Wut – auf den betrunkenen Fahrer, auf ihren Zustand und letztlich sogar auf sie selbst. Zwar war ihr klar, dass sie eine außergewöhnliche

Gottesbegegnung genossen hatte, allerdings hatte sie dafür auch einen hohen Preis bezahlt.

Traceys Wut und Angst wurden geschürt noch von anderen Problemen, besonders, als sie von ihrem orthopädischen Chirurgen hörte, sie könne vielleicht nie wieder laufen. Das belastete sie sehr. All das Sportliche ihrer Jugend schien nun für immer vorbei zu sein. Auch ihr Traum, Meghan hinterherzulaufen und noch weitere Kinder zu bekommen.

Ihre ganze Hoffnung ruhte jetzt auf einem Eingriff, bei dem Nägel ihre Oberschenkel stabilisieren sollten. Doch in der Nacht vor der Operation bekam Tracey plötzlich Atemnot, hohes Fieber mit Halluzinationen und andere, nervlich bedingte, Symptome. Der Grund dafür war eine Fettembolie. Sie kann sich entwickeln, wenn lange Beinknochen gebrochen sind und Knochenmark in den Blutkreislauf gelangt, das Kapillargefäße und Adern verstopft. Wegen der Embolie musste die Operation abgesagt werden. Damit schwand Traceys Hoffnung, den Streckverband loszuwerden, und ebenso nahm es ihr die größte Chance, wieder laufen zu können.

Doch damit nicht genug: Kurz nach der Fettembolie bildete sich in Traceys linker Wade, unmittelbar über ihrem zertrümmerten Knöchel, ein Blutgerinnsel. Obwohl der Chirurg den Knöchel mit Platten und Schrauben so gut er konnte wiederhergestellt hatte, brauchte sie immer noch einen Gips, um all die Einzelteile der Knochen an Ort und Stelle zu halten. Da Tracey sich im Streckverband kaum bewegen konnte und ihre Beinmuskeln praktisch nicht aktiv waren, um das Blut in Bewegung zu halten, kam es letztlich zu einer Thrombose, die ihre Wade schmerzhaft anschwellen ließ. Das Blutgerinnsel stand in der Gefahr, ihr Bein zu schädigen oder schlimmer, sich zu lösen und lebensbedrohlich zu werden. Doch abermals, dank einer richtigen Behandlung und vielleicht auch eines göttliche Eingreifens, besiegte Traceys Körper die Gefahr.

Neben all diesen Kämpfen sah sich Tracey auch noch einem dritten Feind gegenüber – dem Zweifel. Trotz aller Bestätigungen vonseiten der Familie und anderen Besuchern konnte Tracey nicht glauben, dass ich noch am Leben war, bis sie mich selbst gesehen oder zumindest meine Stimme gehört hatte. Zum letzten Mal hatte sie mich gesehen – ausgenommen unsere kurze Verabschiedung vor dem Flug nach Tampa –, wie ich brennend aus dem Fenster unseres Wagens gezogen wurde. Sie schaffte es nicht, diesen Anblick zu verdrängen, und fragte daher praktisch jeden: „Wie geht es Dann?" Susie erinnert sich daran, wie Tracey sie ganz nah an ihr Bett heran bat, um ihr in die Augen sehen und fragen zu können: „Wie geht es Dann?" Dabei suchte sie Susies Blick nach irgendeinem versteckten Hinweis ab, ob sie log.

Eines Nachts schien Tracey besonders schwach zu sein. Ihre Mutter machte sich zunehmend Sorgen, weil Tracey so deprimiert war. Und nachdem Tracey sie wieder einmal nach mir gefragt hatte, antwortete Mary entschlossen: „Du musst dich endlich auf dich selbst konzentrieren. *Dann lebt* – das musst du jetzt glauben. Ich verspreche dir, dass ich dir sage, wenn sich etwas ändert. Aber jetzt muss dir erst einmal bewusst werden, dass du einen Kampf zu kämpfen hast, und wenn du nicht anfängst, dich darauf zu konzentrieren, gesund zu werden, wirst du weder Dann noch Meghan wiedersehen." Marys strenge Worte schienen Tracey zu beruhigen. Sie kannte ihre Mutter gut genug, um zu wissen, dass sie recht hatte.

Tracey wurde immer wieder eingeholt von Sorgen. Angesichts all dessen, was sie schon überstanden hatte, beunruhigte sie am meisten, dass man ihr gesagt hatte, sie könne vielleicht keine Kinder mehr bekommen. Einer solchen Zukunft entgegenzusehen, war sehr schwierig für Tracey, war sie doch gerade erst in ihrer Mutterrolle so richtig angekommen. Ungeachtet all ihrer anderen Fähigkeiten schätzte sie es am meisten, eine Mutter sein zu dürfen. Mit Meghan konnte sie dies zwar schon ausleben, doch wir wünschten uns noch mehr Kinder.

Kraft raubte Tracey auch das Ringen um Vergebung. Sie war zutiefst wütend auf den betrunkenen Autofahrer, dessen Wagen auf unser Auto geprallt war. *Wie konnte er nur so leichtsinnig, so verantwortungslos und derart von seinen Süchten eingenommen sein?* Sie wusste, dass sie ihm eines Tages zu vergeben hatte, um selbst innerlich gesund zu werden. Nur ihre ständigen Schmerzen machten es so gut wie unmöglich, ihm zu vergeben. Allerdings befürchtete sie gleichzeitig, sterben zu können, ohne ihm zuvor vergeben zu haben. Und sie wollte nicht vor Gott treten, ohne dies getan zu haben.

Letztlich halfen Tracey diese widersprüchlichen Empfindungen von Wut und Frieden, gesund zu werden. Die Wut gab ihr Kraft zu kämpfen, und der Frieden des Heiligen Geistes schenkte ihr Geduld, um den Kampf ums Überleben durchzustehen.

Übrigens, der gern verwendete Begriff „Kampf ums Überleben" ist genau genommen ein überstrapazierter, unterschätzter und missverstandener Ausdruck. Es geht um weit mehr, als einfach nur am Leben bleiben zu wollen. Vielmehr fasst er all das zusammen, was es in einer ausweglosen Situation braucht, um zu überleben. Eine Situation, in der man sich an sein Leben klammert, während der Tod einen schon fest in seinen kalten Klauen hat. Genau da braucht es neben einer wirklichen Entscheidung auch den aktiven körperlichen und geistigen Prozess, der genauso aktiv und real ist wie alles andere im Leben.

Wir hatten das Gefühl, dass sich unsere ganze Welt – alle Liebe, Freude, Sorgen, Erinnerungen, Hoffnungen und Träume – auf ein kleines glühendes Feuer im Innern unserer Seele reduziert hatte. Unsere ganze Kraft kostete es, diesen letzten Funken am Leben zu erhalten. Insofern war unser ganzer

Lebenswille gefragt, ebenso Gottes Gnade und Kraft, um uns durch die lange Qual zu tragen – vom Augenblick des Zusammenpralls an bis durch die ersten Wochen im Krankenhaus hindurch.

*

Für mich begann der Kampf erst richtig nach meiner Ankunft im Tampa General Krankenhaus. Trotz des eher ruppigen Starts kümmerte man sich anschließend beeindruckend um mich. Spezialisten für plastische Chirurgie, Unfallchirurgen, orthopädische Chirurgen, Kardiologen, Internisten und ein Psychiater gehörten zu dem Ärzteteam, das sich um meine Wiederherstellung bemühte.

Während der ganzen Krankenhauszeit in Tampa blieben auch meine Eltern bei mir, um mich zu versorgen. Sie halfen mir selbst bei kleinsten – und vor allem bei medizinischen – Entscheidungen, die ich einfach nicht in der Lage war, zu treffen. Und Tracey lag ja dreihundert Kilometer entfernt im Krankenhaus. Von daher gab es keine andere Möglichkeit.

Die Orthopäden erklärten meinen Eltern das Vorgehen, meine Verletzungen zu behandeln. Sie wollten meine zertrümmerten Oberschenkel richten, indem sie Marknägel einsetzten, damit die Brüche schneller heilten. Mit ihnen sollte ich mich im Bett ein wenig bewegen können und nicht mehr im Streckverband liegen müssen. Auch würden damit die Risiken einer Lungenentzündung und einer Infektion gesenkt, die durch die von außen eingeführten Drähte des Streckverbands bestanden. Als mein Vater die Notwendigkeit dieses Eingriffs anzweifelte, antworteten die Chirurgen mit großem Nachdruck: „Es ist seine einzige Überlebenschance." Beinahe jeder Patient mit Verbrennungen zieht sich früher oder später eine Infektion zu. Durch das Einführen der Marknägel werde das Risiko einer lebensbedrohlichen Infektion verringert, sagten die Ärzte.

Zwei Tage lang wurde mein Zustand auf der Intensivstation für Verbrennungen stabilisiert, ehe die für mich umfangreichste Operation in Tampa begann: Verbrannte Hautpartien wurden entfernt und Haut von anderen Stellen transplantiert. Wie bei vielen Eingriffen erscheinen einem die Einzelheiten brutal, nur sind sie notwendig für eine erfolgreiche Behandlung. So wird verbranntes Gewebe entfernt und bis auf das durchblutete Gewebe zurückgeschnitten. Anschließend entnimmt der Arzt an anderer Stelle etwa sechs Zentimeter breite Streifen gesunder Haut, mithilfe eines sogenannten Dermatoms, einem Instrument ähnlich einem Kartoffelschäler. Dieses Hauttransplantat wird dann perforiert, um es dehnen zu können. So ist es möglich, eine Fläche damit abdecken zu können, die um ein Vielfaches größer ist als das Hauttransplantat selbst.

Wie Teile eines Flickenteppichs wurden die Hautstücke gelegt, festgeklammert und dann mit nicht haftendem Verbandsmaterial umwickelt. Die Stellen, an denen die Transplantate entnommen wurden, bedeckten die Ärzte mit biosynthetischem Hautersatz, der sich während des Heilungsprozesses mit dem darunterliegenden Gewebe verband.

Ich erinnere mich noch, wie ich vom Operationssaal auf die Aufwachstation geschoben wurde und eine Schwester oder Assistentin zu jemandem sagte: „Wow, der säuft das Blut ja regelrecht. Das ist jetzt schon die neunzehnte Konserve, die wir ihm geben." Das beunruhigte mich nicht. Noch immer war ich in diesem Zustand, alles einfach hinzunehmen, ohne groß darüber nachzudenken. Später erst erfuhr ich, dass ich während dieser Operation fast das Doppelte meiner eigenen Blutmenge verloren hatte. Insgesamt hatte ich dreißig Einheiten Blut, Blutplättchen und Plasma bekommen.

An den nächsten beiden Tagen nahmen die Ärzte die nächsten Eingriffe vor: das Einsetzen der Marknägel in meine Oberschenkelknochen. Die Zahl der mir verabreichten Blutkonserven stieg dabei auf insgesamt 50. Danach hörte mein Vater auf, mitzuzählen. All das geschah bei mir im Jahr 1989, als Aids, Hepatitis C und andere durch Blut übertragene Krankheiten noch nicht so gründlich erforscht waren. Erst Jahre später beunruhigte mich der Gedanke daran doch sehr.

Am 21. September 1989, zwei Wochen nach dem Unfall, operierte Dr. Walsh, eine weitere hervorragende plastische Chirurgin, die Frakturen in meinem Gesicht. Neben den großen Brüchen waren auch meine Kieferhöhlen zertrümmert. Ursprünglich hatte sie damit gerechnet, die Knochen mit vier bis sechs Platten wieder in die richtige Position zu bringen, sie stellte dann aber schnell fest, dass die Computertomografie nicht genau genug gewesen war. Nur einen einzigen intakten Knochen konnte sie finden, auf der linken Seite meines Gesichtes. Dort brachte sie eine Platte an. Das war das Beste, was sie hinkriegen konnte. Bei den anderen Knochen war es ihr nur möglich, sie manuell so gut wie möglich anatomisch zurechtzurücken. Den unverletzten Unterkiefer benutzte Dr. Walsh dabei als Stütze, um die Knochen im oberen Gesichtsbereich zu stabilisieren, und fixierte ihn abschließend mit Draht. Das Ergebnis des umfangreichen Eingriffs war zufriedenstellend. Aber wegen der vielen erlittenen Frakturen habe ich bis heute eine chronische Kieferhöhlenentzündung und Schmerzen.

An vieles aus dem Krankenhaus erinnere ich mich nur bruchstückhaft. Ich weiß, dass meine Eltern und Geschwister mich einige Male im Krankenhaus besucht haben, aber an Bedeutsames kann ich mich dabei nicht erinnern. Außer, dass die Hochzeit meiner Schwester Jenn vor der Tür stand. Sie und John wollten am 30. September 1989 heiraten, und es war schmerzlich zu wissen, dass Tracey und ich nicht bei ihrer

Hochzeit da sein konnten. Gleichzeitig wusste ich, dass sie an ihrem Hochzeitstag, einem Fest- und Freudentag, mit ihren Gedanken bei uns sein würden.

Zu dieser Zeit begann langsam der Nebel zu verschwinden, der meine Gedanken und mein Gedächtnis umgeben hatte. Die schwere Gehirnerschütterung lag schon fast drei und die letzte Operation eine Woche zurück. Fantasie und Wirklichkeit konnte ich trotzdem noch nicht vollständig voneinander unterscheiden. Meine Halluzinationen und Träume verschmolzen mit echten Gedanken und Informationen und erschufen so eine Wirklichkeit, in der ich lebte. Dabei ging mir eine Sache immer und immer wieder durch den Kopf: Zwar wusste ich, dass wir mit einem betrunkenen Autofahrer zusammengestoßen waren, nicht aber, wie es dazu gekommen war. Stattdessen erlebte ich einen wiederkehrenden Traum oder eine Halluzination: Tracey und ich waren unterwegs auf einer zweispurigen Landstraße. Ich fuhr etwas zu schnell, und als ich unterhalb einer Brücke in eine Kurve bog, geriet ich auf die Gegenfahrbahn. Ich versuchte, abzubremsen und meinen Wagen unter Kontrolle zu bringen. In diesem Augenblick kam uns ein junger Fahrer entgegen, der zu viel getrunken hatte und die Kontrolle über sein Auto verlor. Wir stießen frontal zusammen.

Obwohl ich mir dieses Szenario nur einbildete, fühlte es sich real an. In meinem Kopf wiederholte sich der Hergang immer und immer wieder – begleitet von entsetzlichen Schuldgefühlen. Ich vermutete, dass der andere Fahrer ein junger Mann gewesen war, der einen Fehler gemacht und diesen mit dem Leben bezahlt hatte. Was mich tags wie nachts allerdings noch mehr quälte, war der Gedanke, Tracey verletzt zu haben. Ich hatte meine Frau nicht beschützt, die Mutter meiner Tochter. Obwohl ich wusste, dass der andere Fahrer betrunken gewesen war, dachte ich, ich hätte den Unfall vermeiden können.

Da mir dies nicht gelungen war, dachte ich, ich sei an Traceys Verletzungen schuld. Schließlich hatte ich es erst eine Woche vor unserem Unfall geschafft, hinter einer Kuppe einem auf der falschen Fahrspur entgegenkommenden Autofahrer auszuweichen. *Warum hatte ich also unseren Unfall nicht verhindern können?* Mich quälten meine Schuldgefühle sehr, als ich so dalag in meinem Krankenhausbett. Zwar kämpfte ich ums Überleben, aber mein Herz war dabei, langsam zu sterben.

Meine Eltern machten sich große Sorgen, mich alleine zu lassen, während sie zur Hochzeit gingen. Obwohl seit dem Unfall drei Wochen vergangen waren, befand ich mich noch immer in Lebensgefahr. Dass ich immer apathischer und bedrückter wurde, war meinem Vater aufgefallen. Und er dachte, ich hätte all meinen Lebenswillen verloren.

Ehe meine Eltern nach Wisconsin fuhren, versicherte mir mein Vater am Vorabend, dass sie nur ein paar Tage weg sein würden. In der Zwischenzeit würden Traceys Verwandte nach mir sehen und bei mir bleiben. Meine verworrenen Gedanken drehten sich immer noch um Tracey. Mit abwesendem Blick sah ich meinen Vater an und fragte ihn: „Was werden sie mit mir machen?" Er sah mich nur fragend an. „Wie meinst du das?" Mit leiser Stimme antwortete ich: „Ich habe Tracey verletzt. Ich weiß nicht, was sie mir antun werden."

Nicht, dass mein Vater ein emotionaler Typ ist, doch in diesem Moment sah es so aus, als überrollte ihn eine Welle des Schmerzes. Er hatte Tränen in den Augen, als ihm klar wurde, dass ich die genauen Umstände unseres Unfalls nicht kannte. „Dann, weißt du denn nicht, wie es passiert ist?" Ich wollte es gar nicht hören. In mir wusste ich, was ich getan hatte. Meine Unachtsamkeit hatte Tracey große Schmerzen zugefügt. Ich schüttelte den Kopf, schloss die Augen und dachte nur: *Bitte, sag es mir nicht.* Ich wollte ihn nicht laut sagen hören, was ich getan hatte.

Mein Vater packte mich an den Schultern. „Dann, schau mich an. Du musst mir zuhören."

„Nein, nicht!", erwiderte ich und schüttelte immer noch mit Tränen in den Augen meinen Kopf.

„Dann, es war nicht deine Schuld. Du bist auf einer sechsspurigen Straße mit Mittelstreifen gefahren. Ihr seid mit einem betrunkenen *Geisterfahrer* zusammengestoßen." Um seinen Worten Nachdruck zu verleihen, starrte er mir in die Augen. „Dann, er fuhr auf der falschen Seite. Du hast gar nichts falsch gemacht. Vor dir war ein anderes Auto, das in letzter Sekunde ausweichen konnte. Du hättest nichts tun können. Der Mann, der mit euch zusammengestoßen ist, war total besoffen. Er hatte 2,8 Promille. Und er war schon mindestens vier Mal betrunken gefahren. Schon drei Mal war er wegen Trunkenheit am Steuer verhaftet worden. Dann, es war *nicht* deine Schuld."

Mein Vater hielt mich fest, und ich weinte, als mich Wellen der Erleichterung überfluteten. Zwar fühlte ich mich immer noch schuldig, diese Qualen nicht verhindert haben zu können, aber jetzt hatte ich endlich begriffen, dass es nicht meine Schuld gewesen war. Es hatte keine zweispurige Straße gegeben, auf der ich auf die andere Seite geraten war. Keine Brücke, keine Kurve. Und es war auch nicht ein unachtsamer junger Fahrer gewesen, der ein kleines bisschen zu viel getrunken hatte.

Obwohl ich jetzt um die Einzelheiten des Unfalls wusste, konnte ich nicht wütend sein auf den Fahrer wegen seiner Gleichgültigkeit in Bezug auf die Folgen seines fahrlässigen Verhaltens. Für mich sah ich keinen Nutzen darin, ihm gegenüber feindlich gesinnt zu sein. Es würde nur meinen Heilungsprozess behindern.

Tracey kämpfte noch mit ihren Gefühlen, kam aber schließlich zu der Erkenntnis, dass der andere Fahrer es bitter bereut hätte, wenn er gewusst hätte, wie viel Schmerz und Zerstörung er angerichtet hatte. Aber Tracey wusste, dass ihre Vergebung letztlich nicht von der Reue des anderen abhängig war, sei diese nun echt oder nur vorgestellt. Ihre Vergebung musste tief aus ihr selbst herauskommen. Irgendwann drangen Jesu Worte „Vater, vergib ihnen" tief in ihre Seele, und Gottes Liebe und sein Frieden vertrieben die Bitterkeit und Wut, die sie die ganze Zeit über gehegt hatte. Sie war auf dem Weg, zu vergeben.

Weder Tracey noch ich hatten zu irgendeinem Zeitpunkt den Wunsch, dass der andere Fahrer für seinen Fehler bestraft werden sollte. Das ist nicht unsere Aufgabe und wir vertrauen auf Gottes Mitgefühl. Vergebung ist keine einfache Angelegenheit. Genau genommen ist sie keine einmalige Sache, sondern eine andauernde Übung. Jesus hat gesagt, wir sollten „siebzig mal siebenmal" vergeben, was bedeutet, dass Vergebung ein fortwährender Prozess ist.

Vergebung bringt dem, der sie gewährt, mehr als dem, der sie empfängt. Groll gegen den Täter zu hegen, tut diesem nicht weh – nur einem selbst, denn Hass ist ein süßes Gift, das im ersten Moment befriedigt. Hat man es erst einmal geschluckt, dringt es tief ins Innere, frisst die Seele auf und verbreitet eine Bitterkeit, die sich auf das ganze Leben legt.

*

Nach vier Wochen im Krankenhaus zeichnete sich immer deutlicher ab, dass sowohl Tracey als auch ich überleben würden, obwohl auch weiterhin Infektionen und andere Risiken drohten. Während wir immer noch mit aller Kraft kämpften, hatten wir die Kontrolle über unsere Genesung an Gott abgegeben. Für Tracey war Meghan ein weiterer Halt. Schon ab der ersten Woche hatte jemand aus der Familie, meist Traceys

Vater, Meghan mit ins Krankenhaus genommen, um Tracey zu besuchen. Sosehr es Tracey auch quälte, Meghan zu sehen, ohne sie in den Arm nehmen zu können, so spornte doch ihr bloßer Anblick Tracey an, so schnell wie möglich wieder als Mutter für sie da zu sein.

In Bezug auf Meghan empfand ich, inmitten meiner eingeschränkten Wahrnehmung, nur eine Traurigkeit, nicht bei ihr sein zu können. Ich wusste sie in guten Händen, und alle versicherten mir, dass es ihr gut ging und dass sie oft nach „Da-Da" fragte. Ich hatte mich daher schon früh entschlossen, so schnell wie möglich gesund zu werden und zu Meghan und Tracey zurückzukehren.

6

Toms neue Aufgabe

„Operation Meghan"

Eines der vielen guten Dinge, die der Unfall nach sich zog, war eine starke Bindung zwischen Tom und Meghan. Ihre Beziehung erfüllte schon fast das Klischee des vernarrten, beschützenden Großvaters und seiner fröhlich plappernden Enkelin.

Zusammen waren die beiden wie ein leuchtender Hoffnungsstrahl, vor allem in jenen ersten Wochen, als es für uns noch ums Überleben ging. Aber für Tom war die Beziehung zu Meghan mehr als nur aufrichtige Liebe und Zuneigung zu seiner Enkeltochter – sie spiegelte seine Verantwortung wider und Tom nahm diese sehr ernst. Erst in letzter Zeit habe ich angefangen zu verstehen, was für eine ungeheure Aufgabe das für ihn gewesen sein muss.

Tom fühlte sich nicht nur persönlich für Meghans tägliche Fürsorge zuständig, er sah sich auch verpflichtet, dass Meghan unbeschadet, ohne Trauma, die ganze Sache überstand. Aber noch wichtiger war vielleicht, dass er wusste, Meghan trug entscheidend dazu bei, Tracey und mich nicht nur zu motivieren, diese Qual zu überleben, sondern auch, das Beste aus unserem Leben zu machen.

Nachdem Tracey Tom und Mary von den Einzelheiten ihrer Nahtoderfahrung erzählt hatte, wussten die beiden, dass Tracey nur aus einem einzigen Grund in dieses Leben zurückgekehrt war: Meghan. Sie hatte geglaubt, ich sei schon tot, und sie war zurückgekehrt, weil sie nicht wollte, dass Meghan ganz ohne Eltern aufwuchs – und das war Toms Beobachtung nicht entgangen.

Als Vater stand Tom allen seinen Kindern sehr nahe, aber Tracey war seine jüngste Tochter – sein Baby – und er wollte sie nicht enttäuschen.

Schon als Tracey und ich auf dem College in La Crosse waren und ich Tom zum allerersten Mal begegnete, fiel mir die Bindung zwischen den beiden auf. Traceys Augen leuchteten, als er ins Zimmer kam, und das hatte sich seither nicht geändert. Tom und ich verstanden uns sofort. Ich konnte Traceys Liebe und Achtung für ihren Vater gut verstehen. Er war ein gewandter Gesprächspartner, hatte einen wunderbaren Sinn für Humor, und alle fühlten sich in seiner Gegenwart wohl. In vielerlei Hinsicht erinnerte er mich an einen modernen Tom Sawyer – er erzählte unglaubliche Geschichten aus seiner Jugend, seiner Zeit bei der Marine während des Zweiten Weltkriegs und aus der Zeit, in der ich ihn nun kannte. Ich hatte große Achtung vor ihm. Als Ehemann, Vater, Großvater, Schwiegervater und Christ war er wirklich ein Vorbild. Dass er seine neue Aufgabe als Meghans Erziehungsberechtigter, Beschützer und Pflegevater so ernst nahm, verwunderte keinen von uns.

Als sie am Tag nach dem Unfall aus dem Krankenhaus nach Hause kamen, riss er Meghan Traceys Schwester, Leslie-Ann, die sich um sie gekümmert hatte, förmlich aus den Armen. Mit Meghan auf dem Arm erklärte er Mary: „Im Krankenhaus bin ich keine große Hilfe. Du musst bei Tracey bleiben und zusehen, dass sie die nötige Pflege bekommt. Ich bleibe bei Meghan." Von da an schienen Toms Ausbildung und die Disziplin aus seiner Marinezeit wieder zu erwachen. Seine Einsatzbereitschaft und sein Pflichtgefühl kehrten zurück. Meghan war sein „Schiff", und er war der wachhabende Offizier, die Mannschaft und der Kapitän.

Toms Aufopferungsbereitschaft für Meghan war für ihn auch das beste Ventil, um mit der Krisenstimmung, die sich auf unser aller Leben gelegt hatte, umzugehen. Meghan war Toms Ersatz für uns; sie war ein Teil von uns, eine wichtige Verbindung zu unserem Leben und die beste Art, uns bei unserer Genesung zu helfen, ja sogar Anteil daran zu haben. Durch seine liebevolle Fürsorge für Meghan zeigte er uns seine Zuwendung und schenkte uns durch sie seine Liebe.

Nicht nur, dass er sich ganz und gar der Fürsorge für sie verschrieb, er beobachtete sie auch genau und kannte sie schon beinahe so gut wie eine Mutter ihr Kind. Ihre Stimmung und ihre Bedürfnisse konnte er schon fast schneller erkennen, als sie sie äußern konnte. In jener Zeit kamen viele Besucher, vor allem am Anfang, und er bemerkte, wie Meghan sich plötzlich jeder neuen Stimme zuwandte und gebannt hinsah, als wollte sie fragen: „Mama, Papa, seid ihr das?" Es brach ihm beinahe das Herz, aber er sorgte dafür, dass es ihr sonst an nichts fehlte. Sie weinte fast nie, weil Tom sie immer fütterte, ehe sie allzu hungrig wurde, ihre Windel wechselte, ehe es ihr zu ungemütlich wurde, und sie ins Bett brachte, ehe sie zu müde war.

Während der ersten acht Monate hatte Tracey Meghan an einen festen Zeitplan für Essen, Mittagsschlaf, Spielen und Schlafengehen gewöhnt. Tom perfektionierte diesen Ablauf. Er manövrierte die „USS Meghan" nach einem strengen Plan. In der Familie war es nunmehr allgemein bekannt, dass man erst Toms Erlaubnis einholen musste, bevor man mit Meghan in den Park, zum Essen oder zu Tracey gehen wollte. Und man tat gut daran, darauf zu achten, dass sie zur festgesetzten Zeit gefüttert wurde oder ihren Mittagsschlaf machte.

Traceys Bruder Rob und seine Frau Vicki bekamen das zu spüren, als sie Meghan einmal für eine Weile mitnahmen, damit Tom eine Pause hatte – die er eigentlich gar nicht wirklich wollte. Allerdings hatten sie ein ganz anderes Verständnis davon, was „für eine Weile" bedeutete als Tom. Tom dachte an ein bis zwei Stunden. Rob und Vicki verstanden darunter allerdings, „wenn wir zurück sind, sind wir zurück".

Die beiden verließen am Vormittag mit Meghan das Haus. Gegen 13 Uhr wurde Tom ungeduldig. Zweimal rief er dann bei ihnen zu Hause an und sprach auf ihren Anrufbeantworter. Anschließend telefonierte er mit Tommy, dann mit Leslie-Ann und ließ letztlich Mary im Krankenhaus ausrufen, während er unruhig zwischen Einfahrt und Haustür hin- und hertigerte. Er wollte Meghan unbedingt wiedersehen, als sei sein Schiff ohne ihn ausgelaufen und er könne es nicht vor scheinbar überall lauernden Gefahren beschützen. Tom machte sich Sorgen und war mehr als nur ein wenig verärgert.

Schließlich entdeckte er die drei, als sie einige Stunden später die Straße entlangfuhren. Er ging ihnen in der Einfahrt entgegen, war aber nicht im Geringsten beruhigt, als er sie lächeln und Meghans Augen strahlen sah. Er musste die Sache genau unter die Lupe nehmen. Er bombardierte sie mit Fragen und holte kaum Luft dabei, geschweige denn, dass er eine Antwort abgewartet hätte. „Habt ihr sie gefüttert? Was hat sie gegessen? Hat sie ihre Flasche getrunken? Wo wart ihr? Hat sie einen Mittagsschlaf gemacht? Habt ihr die Windel gewechselt?" Tom hatte während unserer ganzen Leidenszeit nie viele Emotionen gezeigt, aber jetzt brachen sie in seiner Sorge um Meghan hervor. Sie war *seine* Aufgabe, *seine* Verantwortung. Das Schiff war am Horizont verschwunden und jetzt war es wieder sicher im Hafen. Von nun an sollte es nie wieder ohne ihn auslaufen. Er konnte das Risiko einfach nicht eingehen.

Er war nicht einfach nur der Sorgeberechtigte für seine allerliebste Enkelin, es war, als hüte er den Heiligen Gral, den Grund für unser Überleben, die Quelle unseres Lebens. Und er tat alles, was in seiner Macht stand, um sie bis zu unserer Heimkehr sicher zu beschützen. Aber es ging nicht nur um uns. Meghan war für alle die dringend nötige Ablenkung. Sie brachte den leuchtenden Hoffnungsschimmer mit sich, den eben nur ein so kleines, unschuldiges Kind in dieser düsteren Lage schenken konnte.

Tom dokumentierte jeden von Meghans Fortschritten, ganz gleich, ob es etwas Banales oder Außergewöhnliches war. Die Videokamera war immer griffbereit, um flüchtige Augenblicke festzuhalten, die ihm zu kostbar schienen, um sie zu verpassen. Er wollte nicht, dass wir mehr von Meghans Leben versäumten als unbedingt notwendig. Ich glaube, tief im Innern wollte er damit auch beweisen, wie gut er sich um sie gekümmert hatte, um uns zu beruhigen. Das Beweismaterial war überwältigend und so wunderbar, wie er es sich erhofft hatte. Meghan war ganz offensichtlich gesund und munter und blühte unter seiner Fürsorge auf.

Seinen Augen entging nichts und nichts war ihm zu schade für Meghan. Als er eines Nachmittags von einem Besuch im Krankenhaus bei Tracey zurückkam, während Leslie-Ann auf Meghan aufgepasst hatte, nahm er sie auf den Arm, sah Leslie-Ann an und meinte: „Ihre Windel ist nass. Hast du sie nicht gewechselt?" Leslie-Ann verdrehte ein wenig die Augen und erwiderte: „Papa, sie hat gerade ihre Flasche bekommen." Dann sagte sie: „Windeln sind nicht dazu da, immer trocken zu sein. Schließlich benutzen wir sie, damit sie nass werden. Meghan geht es gut."

Es war nicht nur die Familie, die Toms gluckenhaftes Verhalten zu spüren bekam. Jeder, der in Meghans Nähe kam, sah sich mit dem schützenden Kokon konfrontiert, den Tom um sie gebaut hatte. Gute Freunde aus Wisconsin, Andy und Wendy, kamen Ende Oktober 1989 nach Florida, um Tracey zu besuchen. Wendy und Tracey waren schon seit ihrer Kindheit miteinander befreundet und standen sich sehr nahe. Während sie in Florida waren, kamen sie eines Abends um die Essenszeit zu Tom, um auch Meghan zu sehen. Meghan saß schon in ihrem Hochstuhl, und Wendy fing an, ihr Babynahrung zu geben. Tom stand sicherheitshalber daneben und nahm Wendy plötzlich den Löffel aus der Hand. „Du machst das nicht richtig; ich mache das schon." Wendy war überrascht, aber auch belustigt, denn inzwischen war Toms wohlgesonnene Fürsorge schon überall bekannt. Er meinte es nicht böse – so war er nicht –, aber seiner Ansicht nach war er der Einzige, der sich richtig um Meghan kümmerte.

Tom bewältigte die „Operation Meghan" wunderbar und es entstand eine enge Bindung zwischen den beiden. Unter seinen Fittichen blühte Meghan richtig auf, und sie war gesund und munter, während Tracey und ich im Krankenhaus lagen.

Mission erfüllt!

7

Der Kampf – Runde 2
„Das Erwachen"

Ende September 1989 waren sowohl Tracey als auch ich so stabil, dass wir nicht mehr von Minute zu Minute um unser Überleben kämpften, sondern eher von Stunde zu Stunde oder von Tag zu Tag. Selbst mein nebulöser Zustand, der mich halluzinieren ließ und mein Gedächtnis verschleiert hatte, verschwand. Ich war nun klarer im Kopf. Auch Traceys Wahnvorstellungen und Angstzustände hatten aufgehört.

Da nun die meisten Operationen hinter uns lagen, gewöhnte sich jeder von uns an eine gewisse Form von Routine. Tracey erhielt tagsüber viel Besuch von der Verwandtschaft. Meist blieb ihre Mutter über Nacht. Marys beruflicher Hintergrund als Krankenschwester war zudem eine willkommene und große Hilfe. Zwar versuchte Tracey verzweifelt, wieder etwas Kontrolle über ihr Leben zu bekommen, aber wenn Mary in ihrer Nähe war, hatte sie das Gefühl, sich nicht so zusammenreißen zu müssen und entspannte sich. Wenn Mary die Nacht bei ihr verbracht hatte, kam Tom oder jemand anderes aus der Familie, um sie abzulösen und Tracey tagsüber Gesellschaft zu leisten. Manchmal brachten sie auch Meghan mit.

Nach der dritten Krankenhauswoche befreite man Tracey aus dem Streckverband. Sie konnte nun richtig im Bett liegen. Doch mit der neuen Bequemlichkeit wurden die Tage für sie auch sehr eintönig. Sie lag einfach da und wartete darauf, dass ihre zertrümmerten Knochen heilten.

Ihre Kraft schöpfte Tracey vor allem aus dem Heiligen Geist. Nachdem ihre erste Wut verflogen war, konzentrierte sie sich auf die Liebe und den Frieden, die sie seit ihrer Nahtoderfahrung begleiteten. Dieser Moment war so erfüllt gewesen von Gottes Liebe, der heilenden Kraft Christi und dem Frieden des Heiligen Geistes, dass sie nicht anders konnte, als praktisch allen Besuchern, Ärzten und Schwestern, die in ihr Zimmer kamen, davon zu erzählen. Die Menschen konnten nicht anders, als darüber zu staunen. Und Tracey sorgte dafür, dass jeder erfuhr, dass sie dieses Erlebnis im Himmel nur aus einem einzigen Grund gehabt hatte: Weil sie an den auferstandenen Jesus Christus glaubte, der für unsere Sünden gestorben ist.

Einer ihrer regelmäßigen Besucher war der Krankenhauspfarrer Pastor Blanchard. Eigentlich wollte er Tracey zur Seite stehen, ihren Glauben stärken und ihr helfen, Gottes Plan inmitten dieser traumatischen und schmerzhaften Zeit zu erkennen – aber ihr starker, unerschütterlicher Glaube wendete das Blatt. Langsam, aber sicher hörte ihr der Pfarrer mehr zu, als dass er sie ermutigte. Eines Nachmittags, gegen Ende ihres Krankenhausaufenthaltes, kam er vorbei und sagte: „Ich muss Ihnen etwas gestehen, Tracey." Er zögerte und fuhr dann mit leuchtenden Augen fort: „Bevor ich Sie kennengelernt habe, kämpfte ich mit ernsthaften Zweifeln. Sie müssen wissen ..." – jetzt zitterte seine Stimme – „... dass Ihre Stärke und Ihr Glaube meinen eigenen Glauben wieder gestärkt haben. Ich kann Ihnen gar nicht sagen, wie dankbar ich Ihnen bin." Tracey staunte. Gott hatte die regelmäßigen Krankenbettbesuche benutzt, um sie beide aufzubauen.

*

Auch meine Tage waren vollgespickt mit regelmäßigen Abläufen – eine Mischung aus Schmerz, Sorge, Angst, Furcht ...

und Erleichterung. Jeden Morgen wachte ich nass geschwitzt auf, ehe kurz darauf Schmerz aus jeder einzelnen Wunde meinen Körper durchströmte. Nun stand der übliche Ablauf bevor, den ich täglich über mich ergehen lassen musste: erst die Arztvisite und dann ein Trupp von Schwestern zum Verbandswechsel. Sie überprüften die Vital-Zeichen und wechselten die Verbände an den transplantierten Hautpartien sowie den Spender-Stellen und an meinen übrigen Verbrennungen. Vor dieser Prozedur erhielt ich einen Morphium-Tropf, auf den ich mich immer freute, denn so hatte ich wenigstens für ein paar Stunden Ruhe.

Die Schwestern, die mich pflegten, leisteten Außergewöhnliches. Noch heute bewundere ich ihre Hingabe, ihren Mut und ihr Mitgefühl, wie sie auf der Hautstation ihre täglichen Aufgaben erfüllen. Es sind bemerkenswerte Menschen mit einer außerordentlichen Hingabe für ihre Patienten.

Mein Brustkorb war mit biosynthetischem Gewebe (künstlicher Haut) überzogen, damit die Stellen, an denen Haut entnommen worden war, wieder heilen konnten. Allerdings schmerzten diese Stellen meist noch mehr als die verbrannten, denn unter anderem wurde das Gewebe hart und riss bei jeder Bewegung ein. Es diente quasi als Schorf, der langsam abgekratzt wurde, während sich die Haut darunter regenerierte – eine notwendige wie schmerzhafte Prozedur.

Irgendwann fing ich an, mir Gedanken zu machen um mein äußeres Erscheinungsbild. Von Natur aus war ich ein eher dunkler Hauttyp, der in der Sonne schnell Bräune bekam. Jetzt allerdings bestand meine Haut hauptsächlich aus Narben. Die Hauttransplantate waren wulstig, und die Partien, an denen Haut entnommen worden war, hinterließen Stellen ohne Pigmentierung. Zudem waren die Fingerkuppen meiner rechten Hand verbrannt und sahen verkohlt aus.

Es würde einige Zeit dauern, bis man mir erlauben würde,

wieder in den Spiegel zu sehen. Die ganze rechte Seite meines Gesichts war verbrannt. Aber da Gesichtshaut sich unglaublich gut regenerieren kann, wollte Dr. Crenshaw abwarten, ob diese Hautpartie von selbst, ohne eine Transplantation, wieder heilen würde. Auch die vordere Seite meines rechten Ohrs war völlig verbrannt, aber da die Haut der Rückseite noch intakt war, hofften meine Ärzte auch hier auf eine Selbstregeneration.

Am Ende der täglichen Prozedur rieben die Schwestern die heilenden Stellen vorsichtig mit Lotion ein, um die Feuchtigkeit und Elastizität der Haut zu erhalten. Dann richteten sie das Bett her und umwickelten mich mit frischen Auflagen aus Mull. Waren erst einmal wieder alle Verbände an Ort und Stelle, ließen die Schmerzen nach. Ich fühlte mich erfrischt – und erschöpft.

Erschöpft zu sein, war für uns beide ein ständiger Begleitzustand. Nach den zahlreichen Knochenbrüchen und Operationen hatten unsere Körper viel Kraft gelassen, um Haut und Knochen zu heilen. Wir verloren sehr viel Gewicht. Zwanzig Kilo waren es bei mir und bei Tracey achtzehn. Ich wog am Ende noch 59 Kilo und Tracey nur noch 36 Kilo.

Ein paar Tage nach der Hochzeit meiner Schwester kehrten meine Eltern zurück. Bald darauf wurde ich von der Intensivstation für Verbrennungen auf die Normalstation verlegt. Zur gleichen Zeit war mein Erinnerungsvermögen größtenteils wiederhergestellt, denn nun konnte ich mich wieder Tag für Tag an zurückliegende Ereignisse erinnern.

Am 5. Oktober 1989 hatte ich noch eine weitere Transplantation, um einige Stellen wiederherzustellen, die nicht von alleine geheilt waren. Hauptsächlich galt der Eingriff allerdings den verbrannten Fingerkuppen meiner rechten Hand, die amputiert wurden. Irgendwie war ich sogar ein wenig erleichtert, die verkohlten Überreste nicht mehr sehen zu müssen.

Dr. Crenshaw fixierte die übrigen Fingergelenke mit Kirschner-Drähten, damit ich sie nicht beugen oder strecken konnte und die Fingerkuppentransplantate in Ruhe anwachsen konnten. Die langen, dünnen Drähte, die aus jedem meiner Gelenke schauten, hatten am Ende eine kleine Metall-Perle und hielten meine Finger in der gewünschten Position.

Aufgrund meines wiedererlangten Bewusstseins fing ich an, Tracey sehr stark zu vermissen. Meine Eltern hatten mir vom Ausmaß ihrer Verletzungen erzählt, aber für mich war das immer noch schwer nachzuvollziehen. Sie versicherten mir, dass bei ihr alles langsam heilte, aber ich wollte sie sehen, und ihr sagen, dass alles wieder gut werden würde.

Ungefähr in der vierten Woche waren wir in der Lage, kurz miteinander zu telefonieren. Ihre Stimme zu hören, machte mich sehr froh. Ich war erleichtert. Aber wir hielten es nur ein paar Sekunden aus, ohne in Tränen auszubrechen. Wir telefonierten von da an zweimal pro Woche miteinander – zumal ich einfach in einer viel besseren Stimmung war, nachdem ich Traceys Stimme gehört hatte.

In dieser Zeit wurde mir Traceys Nahtoderfahrung bewusster. Schon immer hatte ich das Gefühl, dass Tracey einen ganz besonderen Glauben hatte. Doch als ich davon erfuhr, dass Gott direkt eingegriffen hatte, um sie zu Meghan und mir zurückzubringen, stärkte das auch meinen Glauben. Tracey und ich waren noch auf dieser Erde, weil wir eine besondere Aufgabe erfüllen sollten, und ich fing an, allen, die zu mir kamen, unsere Geschichte zu erzählen. Die meisten waren genauso gefesselt wie ich, denn die zahlreichen außergewöhnlichen Umstände, die zusammentreffen mussten, damit Tracey und ich einen Frontalzusammenstoß bei hundert Kilometern pro Stunde überleben konnten, kann man einfach nicht ignorieren. Normalerweise endet solch ein Zusammenstoß tödlich – vor allem, wenn man keine Airbags hat.

Vom Augenblick des Unfalls an, als unsere Retter und die Umstehenden auf der Straße knieten und Gott anflehten, uns vor dem sicheren Tod zu bewahren, und durch die Wochen im Krankenhaus hindurch beteten Christen immer wieder inständig für uns und wir erfuhren unzählige Male Gottes Segen. Tracey und ich erlebten den Segen eines Umfeldes, das uns ungemein unterstützt hat. Ich kann dabei nur staunen über Gottes Liebe. Sie zeigte sich uns sogar durch völlig fremde Menschen, die von unserem Unglück gelesen oder gehört hatten und uns besuchten, anriefen, Karten schrieben, uns versicherten, für uns zu beten, und uns alles Gute wünschten. Es war einfach überwältigend. Und ich bin davon überzeugt, dass die treuen Gebete der vielen Menschen etwas bewirkt haben – zwischen Leben und Tod, zwischen einer Behinderung und einer Wiederherstellung.

Selbst die Ärzte und Schwestern, die für uns sorgten, waren ein Beispiel für Gottes Liebe. Ihre Fürsorge, ihre Sorge um uns und ihre Ermutigung waren ein lebenswichtiger Beitrag zu unserer Genesung. Beide hatten wir mit der Zeit eine Lieblingsschwester, die unsere Sorgen und Ängste am besten zerstreuen konnte. Traceys Lieblingsschwester hieß Jane. Ihr gelang es, Tracey so mühelos und sicher zu bewegen, dass Tracey, die sonst jede Bewegung und Behandlung gefürchtet hatte, neu Vertrauen und Zuversicht fasste. In Janes guten Händen fand Tracey Frieden und Trost.

Meine Lieblingsschwester hieß Carol, eine schlanke Brünette, die sich mit der eleganten Anmut einer Tänzerin bewegte. Jedes Mal, wenn sie hereinschneite, brachte sie eine besonnene Atmosphäre mit sich. Ihre melodische Stimme war ein Wohlklang und beruhigte mein ängstliches Herz. Ich lernte Carol kennen, nachdem ich von der Intensivstation auf die Station für Verbrennungen verlegt worden war. Sie war so freundlich und fürsorglich.

Ich habe oft darüber nachdenken müssen, wie viele wunderbare Menschen wir infolge unseres tragischen Unfalls kennengelernt haben. Und ich glaube, dies ist eine der Arten, wie Gott in solch tragischen Umständen segnet. Inmitten der vielen Höhen und Tiefen unserer Krankenhauszeit war diese Unterstützung äußerst wichtig für uns. Tracey und ich haben von einer Sekunde auf die nächste unser glückliches, gesundes, blühendes Familienleben verloren und waren konfrontiert mit einem zerbrochenen Traum. Die Angst und Ungewissheit, ob wir dieses ehemals so idyllische Leben wiederbekommen würden, während wir ums nackte Überleben und um unsere Heilung kämpften, hätte keiner von uns alleine ertragen können. Daher bin ich Gott dankbar, dass unsere Eltern da waren und auf uns aufgepasst, für uns gesorgt und uns einfach ermutigt haben. Obwohl Tracey und ich beide erwachsen waren und schon selbst ein Kind hatten, gibt es doch nichts, was die Liebe der eigenen Eltern ersetzen könnte. Ich wusste, dass unsere Eltern uns genauso liebten, wie wir Meghan liebten.

Während meines Krankenhausaufenthaltes habe ich Meghan schrecklich vermisst. Ständig an sie zu denken, war inspirierend und frustrierend zugleich. Sie war in Sicherheit, und es ging ihr gut, das wusste ich. Nur schmerzte es mich, zu verpassen, wie sie Laufen und Sprechen lernte. Ich war von Herzen gerne Vater und wollte jede Minute von Meghans Leben genießen. Sah ich ihr Bild in meinem Krankenzimmer, schwor ich, so schnell und gesund wie möglich zu ihr zurückzukehren. Wie sehr wünschte ich mir, dass mich jemand mit Meghan in Tampa besuchen würde, aber es war einfach nicht machbar. Selbst wenn es jemand in die Wege geleitet hätte, wären meine Ärzte das Risiko, dass Meghan mich womöglich mit gefährlichen Keimen infizierte oder auch ich sie infizierte, nicht eingegangen. Der Test auf den Methicillin-resistenten Krankenhauskeim Staphylococcus aureus (MRSA) war bei mir positiv ausgefallen und ich befand mich während meines gesamten Aufenthalts in Isolation. MRSA ist ein Bakterium, das zu eitrigen Infektionen führt, wenn es sich ausbreitet. Diese sind sehr schwer zu behandeln und enden oft tödlich. Vor allem bei Patienten, die noch andere medizinische Indikationen haben.

Dass ich kein einziges Mal während meiner Genesung irgendeine Infektion erlitt, werte ich als Wunder – zumal vieles gegen mich sprach, als ich nach Tampa kam. Bei Verbrennungen von mehr als dreißig Prozent der Haut steigt das Infektionsrisiko erheblich an. Verschärft wurde das Ganze durch die Infizierung mit dem MRSA, die Frakturen, Operationen, Infusionen, den Katheter, die künstliche Ernährung und den langen Krankenhausaufenthalt. Deshalb hatten die Ärzte meinen Eltern erklärt, dass es nur eine Frage der Zeit sei, bis ich eine Infektion bekommen würde. Die Frage war also nicht, *ob*, sondern, *wann*. Trotz alledem sprach auch einiges für mich: Ich bekam ausgezeichnete medizinische Pflege, meine Eltern wachten mit Adleraugen über mich und sorgten dafür, dass jeder Besucher die Hygienevorschriften in meinem Zimmer beachtete. Und nicht zu vergessen: die zahllosen Gebete.

8

Der Kampf – Runde 3

Die Wunder häuften sich und bei Tracey und mir nahm der weitere Heilungsprozess seinen Lauf. Wir steuerten dem Ziel entgegen, endlich wieder beieinander zu sein. Dass unsere Zeit im Krankenhaus ein Ende haben würde, wussten wir Mitte Oktober 1989. Aber die nächsten Schritte waren noch ungewiss. Wir hatten keine Ahnung, welche Kämpfe noch vor uns lagen, und weder eine konkrete Vorstellung davon, was unseren wirklichen Gesundheitszustand betraf noch wie ungewöhnlich lange unsere Rehabilitation und Genesung dauern würde.

Tracey war immer noch nicht in der Lage, selbstständig zu gehen. Es gab sogar ernsthafte Zweifel daran, dass sie je wieder ohne Gehhilfen laufen können würde. Und ich benötigte weiterhin Therapieanwendungen, um meine rechte Hand wieder benutzen zu können, die nach den Verbrennungen und Operationen völlig steif geworden und daher nicht zu gebrauchen war. Auch waren wir beide von unseren langen Krankenhausaufenthalten körperlich stark geschwächt. Es sollte noch Monate dauern, ehe wir wieder widerstandsfähig und kräftig genug waren, unser Leben selbstständig zu gestalten. Außerdem standen noch weitere Eingriffe an. Dass wir in Florida in der Nähe unserer Ärzte bleiben mussten, war offensichtlich. Wo aber genau und ob wir beieinander sein konnten, stand nicht fest.

In den letzten Wochen unseres Krankenhausaufenthaltes wurden wir auf den sich anschließenden Aufenthalt in der

Reha-Klinik vorbereitet. Bevor es so weit war, galt es noch, einige Hürden zu nehmen. Unter anderem mussten unsere Knochen untersucht werden, ob sie so weit geheilt waren, dass sie unser Gewicht tragen konnten. Ein besonderer Moment war, als Traceys Bein endlich aus dem Streckverband befreit wurde. Darauf hatte sie sehnsüchtig gewartet. Sie war die ganze Zeit ans Bett gefesselt gewesen. Endlich von den Drähten, Haken und Gewichten erlöst zu werden, war daher für sie überwältigend.

Viele Fragen beschäftigten uns: Wie weit würden wir überhaupt genesen? Würden wir wieder normal laufen können? Würde ich meine rechte Hand wieder benutzen können? Wäre es uns möglich, uns wieder um Meghan kümmern zu können? Welche Behinderungen würden bleiben und in welchem Ausmaß? Wann konnten wir zurück nach Hause? Wann würde ich wieder arbeiten können? Diese und andere Gedanken gingen uns ständig durch den Kopf, aber wir bemühten uns, das Ungewisse auszublenden und uns auf das zu konzentrieren, was wir tun mussten, um gesund zu werden und einander wiederzusehen.

Auf der Suche nach einer Reha-Klinik fanden wir schließlich die Treasure-Coast-Reha-Klinik in Vero Beach, nur 45 Minuten Fahrt von Traceys Eltern in Port St. Lucie entfernt. Die Klinik besaß große Erfahrung im Bereich der orthopädischen Reha, einen eindrucksvollen Mitarbeiterstab und eine moderne Einrichtung. Ich war außerdem erleichtert, als ich erfuhr, dass ihr leitender plastischer Chirurg früher Chefarzt der Verbrennungsstation des Yale-New-Haven-Krankenhauses gewesen war und jetzt das neu entwickelte Reha-Programm für Verbrennungsopfer in Treasure Coast leitete. Ich sollte sogar der erste Patient dort sein.

Die größte Hoffnung, wieder vollständig zu genesen, hatte allerdings nichts mit dieser Klinik zu tun. Sie gab mir Evelyn

Rose, eine begabte Ergotherapeutin, die ihre Praxis etwa einen Kilometer entfernt von der Klinik hat. Sie ist eine Koryphäe im Bereich der Ergotherapie und Rehabilitation nach Hand-Operationen. Und ich freute mich sehr, dass sie mich als Patienten aufnahm, und hoffte, dass sie die Funktion meiner rechten Hand wenigstens teilweise wiederherstellen konnte.

*

Tracey aus dem Martin-Memorial-Krankenhaus zu entlassen und nach Treasure Coast zu überführen, war für den 28. Oktober 1989 angesetzt – sieben Wochen nach dem Unfall. Ich sollte ihr eine Woche später folgen.

Da meine Oberschenkelknochen durch Marknägel verstärkt waren und daher schnell heilten, begann ich bereits nach der sechsten Woche mit Physiotherapie. Es war ein langwieriger Prozess, mit einer anfangs ganz besonderen Folter: dem gefürchteten Schwenktisch, der genau das ist, wonach er klingt – ein schwenkbarer Tisch. Weil man nicht einfach aufstehen und laufen kann, nachdem man sechs Wochen im Bett gelegen hat, braucht es ein schrittweises Gewöhnen an die Kräfte. Ich musste wieder gehen lernen, ehe ich laufen durfte, stehen, ehe ich gehen durfte, und aufstehen, bevor ich überhaupt stehen konnte. Wegen des starken Muskelschwundes und meines allgemeinen Schwächezustands hätte sich, sobald ich aufgestanden wäre, das Blut in meinen Beinen gesammelt und ich wäre schlichtweg ohnmächtig geworden. Meine Muskeln brauchten daher Zeit und Belastung, in Form von Übungen, um mit dieser Veränderung fertigzuwerden und wieder zu funktionieren. Erst dann konnte ich überhaupt daran denken, wieder zu gehen. Also lag ich auf dem Schwenktisch.

Man schob mich in einen Raum, der wie eine Umkleidekabine roch und aussah wie eine Mischung zwischen einer

Klinik und einem Fitnessstudio für Kinder. Der Tisch erinnerte an Frankensteins Versuchstisch. Er hatte einen rissigen braunen Plastikbezug, ein Fußbrett und viele Riemen, die lose an der Seite hingen. Ich lag auf dem Tisch und der Therapeut befestigte die Riemen an meiner Stirn, meinem Brustkorb, meinen Armen und Beinen.

Langsam und quietschend wurde der Tisch aufgerichtet bis zu einem Neigungswinkel von circa 30 Grad. Sofort merkte ich, wozu die Riemen gut waren – mir wurde schwindelig, ich bekam Schweißausbrüche und mein ganzer Körper fühlte sich an wie Wackelpudding. Als das Blut in meine Beine lief und meine transplantierten Hautpartien und die Stellen der Hautentnahme durchströmte, setzte ein so intensiver Juckreiz ein, dass ich den Vorgang abbrechen musste. Der Juckreiz war fast genauso intensiv wie die stärksten Schmerzen, die ich im Krankenhaus erlebt hatte. Es war, als hätte man meine Beine mit Giftefeu umwickelt und dann Tausende von Mücken darauf losgelassen – einfach unerträglich.

Meine Genesung mithilfe des Schwenktischs machte nach und nach Fortschritte. Bald schon konnte ich alleine stehen, wobei der Therapeut allerdings den Gurt um meinen Brustkorb noch angezogen ließ. Zwar hatte der Juckreiz nach den ersten Tagen etwas nachgelassen, aber er war noch immer sehr lästig. Wenigstens konnte ich jetzt das Gewicht von einem Bein auf das andere verlagern und ihn dadurch etwas mildern. Nachdem ich einige Tage immer wieder eine Weile gestanden hatte, wagte ich mithilfe meines Therapeuten die ersten Schritte – und ich war überrascht und erfreut, wie gut meine Beine funktionierten. Ich konnte gehen! Obwohl meine ersten Schritte vorsichtig und zögerlich waren, unternahm ich schon bald dreißig oder vierzig Schritte am Stück.

Tracey hatte auf ihr Abenteuer mit dem Schwenktisch noch zu warten, bis sie nach Treasure Coast verlegt wurde. Ihr stand zuerst ein weiterer Eingriff bevor, bei dem die Drähte und Gewichte des Streckverbandes entfernt wurden. Darauf freute sie sich einerseits, andererseits fürchtete sie sich auch davor.

Tracey wurde am 24. Oktober 1989 operiert, und es war erleichternd für sie, endlich nicht mehr fixiert im Bett liegen zu müssen. Die Drähte, Haken und Gewichte des Streckverbandes waren endlich weg. Doch sie war nicht ganz befreit. Als sie aufwachte, stellte sie fest, dass sie Schienen an den Beinen trug, die von der Hüfte bis zu den Füßen reichten. Ihre Beine zu bewegen, gelang ihr nur mit größter Anstrengung. Sie hatte gegen das Gewicht der Schienen, ihre eigene Schwachheit und stechende Schmerzen anzukämpfen, als ihre Muskeln mühsam wieder zum Leben erwachten. Seit dem Tag des Unfalls hatte sie ihre Beine nicht mehr bewegt bzw. bewegen können. Und jetzt hatte sie sich durch ungeheure Schmerzen zu kämpfen, wenn sie ihre Beine jemals wieder gebrauchen wollte. Und mit einem Mal wurde ihr bewusst, mit welcher Lage sie nun konfrontiert war: Ihre Beine waren beinahe nutzlos, sie waren durch die vielen Knochenbrüche verformt, mit Narben von den Operationen übersät und schmerzten fast genauso wie unmittelbar nach dem Unfall. Dass sie einen sehr langen und beschwerlichen Weg vor sich hatte, wusste sie ebenso wie, dass sie jetzt außergewöhnlich entschlossen sein musste. Sie brauchte eine umfangreiche Therapie und Gottes Hilfe, um wieder gesund zu werden.

Tracey vom Martin-Memorial-Krankenhaus in die Treasure-Coast-Reha-Klinik zu verlegen, gestaltete sich schwierig. Noch immer reagierte sie gereizt und übervorsichtig. Bei jedem Ruck und Schwenken – als man sie von ihrem Bett auf die Trage legte, im Krankenwagen transportierte und schließlich wieder von der Trage ins Bett hievte – spannte sie sich an. Dass die Verlegung nicht so reibungslos verlief, entmutigte sie. Das Schlimmste daran, ja ihres ganzen Krankenhausaufenthaltes, war, dass sie diese Situation überhaupt nicht in der Hand hatte. Denn zu der Tatsache, augenblicklich keine Kontrolle über ihren eigenen Körper zu haben, kam noch das Gefühl, allen um sich herum ausgeliefert zu sein. Und letzten Endes war die wahre Freiheit, nämlich wieder auf eigenen Beinen zu stehen, immer noch nicht in Reichweite und würde vielleicht niemals kommen.

*

Bevor ich Tampa verlassen und Tracey wiedersehen konnte, hatte ich noch eine Hürde zu nehmen – ich musste mich ansehen. Seit dem Unfall hatte ich nicht mehr in einen Spiegel geschaut und ich wusste, dass ich mich irgendwann mit dieser neuen Realität auseinandersetzen musste. Meine Eltern waren bei mir im Zimmer, als ich um einen Spiegel bat. Meine Mutter meinte: „Du musst wissen, wie gut sich alles seit dem Unfall schon entwickelt hat. Innerhalb der letzten beiden Monate ist schon vieles bei dir verheilt, dann wird es jetzt auch noch besser." Und sie fragte mich: „Bist du dir sicher, dass du das willst?"

Ihr Zögern bestätigte mir, dass das Spiegelbild, das ich sehen würde, wohl nicht das gleiche war wie an unserem vierten Hochzeitstag, als Tracey und ich zum Abendessen wegfuhren. Als ich mit Ja antwortete, brachten sie mir einen Spiegel. Ich kann mir gar nicht ausmalen, was sie wohl dachten, als ich den Spiegel hob, um die Verletzungen zu betrachten, die mich den Rest meines Lebens prägen würden.

Ich holte tief Luft und konzentrierte mich auf das verunstaltete Gesicht, das mich aus dem Spiegel ansah. Ich fühlte weder Betroffenheit noch Wut, vielmehr war es Trauer. Wenn meine Eltern der Ansicht waren, mein Gesicht sei in den letzten sieben Wochen schon sehr gut geheilt, mussten die

Verletzungen, die ich erlitten hatte, abscheulich gewesen sein, denn die Visage im Spiegel war kein schöner Anblick: Die ganze rechte Hälfte meines Kopfes, meines Gesichts und meines Halses war vernarbt, voller Schorf und knallrot. An meiner rechten Schläfe klebten noch Verbandspflaster – von der Stirn über das Auge bis zum Ohr. Das Ohr war schorfig und krumm, meine Nase gerötet und aus ihr hing der Schlauch der Magensonde heraus. Meine rechte Augenbraue war zum größten Teil nicht mehr da und mein verbranntes Haar hatte man mir fast ganz abgeschoren. Meine Kiefer wurden mit Metallplatten auf den Zähnen zusammengehalten und vom Kinn über die Lippen bis zur Nase hatte ich mehrere genähte Platzwunden.

Ich starrte eine Weile schweigend in den Spiegel und festigte meinen Entschluss, gesund zu werden. Am 4. November verließ ich die Klinik in Tampa, um in die Treasure-Coast-Rehaklinik verlegt zu werden. Das Ärzteteam organisierte den Lufttransport von Tampa nach Vero Beach, und ich begab mich auf den nächsten Abschnitt der Reise hin zu meiner Genesung. Aus der Klinik in Tampa entlassen zu werden, war an und für sich schon ein Meilenstein, aber jetzt würde ich auch bald meine Frau wiedersehen und ich konnte es kaum noch erwarten, endlich wieder bei ihr zu sein.

9
Von Engeln berührt

Ergreifend – kein anderes Wort könnte unser Wiedersehen an jenem 4. November 1989 besser beschreiben. Mein Flug zur Treasure-Coast-Reha-Klinik in Vero Beach war das genaue Gegenteil meines Helikoptertransports nach Tampa. Ich verabschiedete mich von den Mitarbeitern in Tampa, dankte Carol für ihre ganz besondere Pflege und machte mich mit meinen Eltern auf den Weg.

Als ich damals die erste Klinik in Stuart verließ, begleitete mich Angst. Jetzt aber war es Hoffnung – die Hoffnung, Tracey und Meghan wiederzusehen und wieder eine Familie zu sein. Und ich hoffte, auch wenn Tracey und ich auf Tragen dort eintrafen, diese Reha-Klinik auf unseren eigenen Füßen verlassen zu können. Noch ein großer Unterschied war, dass die Menschen dieses Mal freudig meine Ankunft erwarteten und nicht mit großer Sorge.

Tracey war schon eine ganze Woche vor mir in der Reha eingetroffen. Wie ich später erfuhr, hatte sie mit ihrer sympathischen Art und ihrem evangelistischen Eifer bereits dafür gesorgt, dass praktisch der gesamte Mitarbeiterstab der Klinik und die Patienten unsere Geschichte kannten. Sie alle waren daher gespannt auf meine Ankunft. Schließlich hilft in einer Reha-Klinik, in der die Patienten und ihre Familien alle ihre eigenen Tragödien erlebt und schmerzliche Erfahrungen gemacht haben, alles, was nach einer guten Nachricht klingt, die Stimmung zu heben und ein guter Grund zum Feiern ist.

Als wir auf dem Flughafen landeten, schienen meine Hoffnungen, Träume und Sehnsüchte nach Tracey auf der feuchten Meeresluft zu schweben, während die Sanitäter mich aus dem Flugzeug in den wartenden Krankenwagen luden. Die zehnminütige Fahrt zur Klinik schien eine Ewigkeit zu dauern. Ich wusste überhaupt nicht, was mich erwarten würde. *Wann werde ich Tracey sehen? Muss ich erst in die Patientenaufnahme und Untersuchungen über mich ergehen lassen, ehe ich sie sehen kann? Was ist, wenn sie gerade in einer Therapiebehandlung steckt und ich sie nicht sofort sehen kann? Wie wird sie wohl auf mein Aussehen reagieren?* Mich quälten mehr Fragen, Zweifel und Ungewissheit als in jener Nacht in La Crosse, in der ich mit Tracey spazieren ging, vor unserem ersten Kuss.

Ich wusste, dass ich schrecklich aussah. Seit meinem ersten Blick in den Spiegel hatte sich nichts verändert. Außerdem glänzte mein verbrannter Arm an den transplantierten Stellen ungewöhnlich, und die Finger meiner rechten Hand waren in dicke Verbände gewickelt, die die Teilamputationen nur noch hervorzuheben schienen. Ich schwitzte und fühlte mich sehr unansehnlich. Meiner Frau wollte ich mich so eigentlich nicht zeigen.

Als wir bei der Klinik eintrafen, blickte ich aus dem Fenster des Krankenwagens. Tracey konnte ich nicht entdecken. Ich dachte, sie warte vielleicht in ihrem Krankenzimmer oder sei in Behandlung. Allerdings sah ich unzählige neugierige Gesichter hinter allen möglichen Fenstern und Türen, die wie Porträts einer Ahnengalerie wirkten.

Als die Sanitäter mich auf der Trage aus dem Krankenwagen hoben und mich, begleitet von meinen Eltern, zum Eingang schoben, war ich völlig durcheinander. Und dann, als wir um eine große Säule bogen, sah ich sie: *Tracey!* Wir waren direkt nebeneinander, sahen uns an, aber konnten nicht sprechen. Uns schossen Tränen in die Augen – so voller Freude waren wir. Wir konnten es kaum glauben, endlich wieder beisammen zu sein. Tracey wirkte auf mich so verloren und verletzt, aber ich war überglücklich. Wir waren endlich wieder zusammen – das war alles, was zählte.

Was Tracey als Nächstes tat, war die liebevollste Geste, die mir je widerfahren ist. Wegen meines Aussehens war ich immer noch besorgt und fühlte mich gegenüber Tracey befangen. Doch ich hoffe, mich bis zu meinem Tod an das zu erinnern, was dann kam: Tracey sah mir tief in die Augen, streckte ihre Hand aus und strich ganz sanft über mein vernarbtes Gesicht. Dann griff sie nach meiner rechten Hand, an der all die Verbrennungen, Transplantate und Verbände waren, und küsste meinen Handrücken. Damit gab sie mir zu verstehen, dass sie mich als Person liebte, ganz gleich, wie ich aussah. Bei dieser zärtlichen Geste ihrer Liebe und Annahme brach ich in Tränen aus. Niemals werde ich vergessen, wie vollkommen und wunderbar ihre Geste war. Sie überwand all das Hässliche, das wir erlitten hatten. Und das Beste daran war, dass es eine vollkommen aufrichtige, spontane Geste war, die von Herzen kam. So war Tracey, mein persönlicher Engel.

Wir beide müssen eine bemerkenswerte Szene geboten haben. Meine Mutter hatte Tracey zunächst gar nicht erkannt. Kein Wunder. Zu diesem Zeitpunkt wog Tracey gerade noch vierzig Kilo und die Schienen sowie der Rollstuhl dominierten ihr äußeres Erscheinungsbild. Ihr Haar war kurz geschnitten. Ihr Gesicht, vor allem ihr Unterkiefer, war seltsam verschoben. Meine Mutter erinnert sich noch, dass sie dachte: *Was für ein armes Mädchen im Rollstuhl. Sie ist so schmächtig und hat sich alle Knochen gebrochen und muss diese Schienen tragen.* Sie dachte, sie stünde vor einer 14-Jährigen. Erst als meine Mutter Tom und Mary hinter ihr stehen sah, begriff sie, dass es Tracey war.

Als ich vor fast acht Wochen vom Martin-Memorial-Krankenhaus nach Tampa geflogen wurde, schienen die Tränen derer, die mich damals verabschiedeten, unsere sterbenden Träume mit wegzuspülen. Jetzt hingegen flossen Freudentränen, die uns mit neuer Hoffnung zu erfüllen schienen. Traceys sanfte Berührung hatte zwischen unseren Seelen ein unzerreißbares Band geknüpft, das sich erstreckte vom gemeinsamen Erleben des Unfalls in dem brennenden Auto, über den qualvollen Kampf des Überlebens, bis hin zu der stillen Schönheit jenes Augenblicks unseres Wiedersehens.

Unser stilles Fest wurde von Seufzern der Erleichterung und neuer Hoffnung begleitet. Es war, als seien wir beide von unterschiedlichen Seiten, in einem mörderischen Wettlauf, mit dem Tod auf den Fersen, auf den gleichen Berg gestiegen und seien jetzt fast zu mitgenommen, um weiterzugehen, zu verletzt, um sich noch zu bewegen, zu erschöpft, um noch einen Schritt zu gehen. Aber nun standen wir endlich auf dem Gipfel. Wir waren angekommen und erschöpft fielen wir einander in die Arme – absolut zufrieden und voller Freude.

Dieser Moment war, als hätten wir unser Eheversprechen erneuert. In guten wie in schlechten Zeiten würden wir diesen Kampf zusammen durchstehen. Keiner von uns wusste, wie unser Leben nun einmal sein würde, aber das war uns egal, solange wir uns gegenseitig hatten. Unsere Körper, unsere Seelen, unser Verstand, unsere Ehe und unser Leben würden sich Schritt für Schritt und Tag für Tag erholen. Im Grunde übertraf dieser Tag sogar noch unseren Hochzeitstag. Die Zeremonie damals machte uns zu Mann und Frau. Aber diesen Albtraum gemeinsam durchlebt zu haben, knüpfte ein noch viel stärkeres, unzerreißbares Band zwischen uns. Und Traceys zärtliche Berührung legte sich symbolisch dafür wie ein sanftes Siegel auf unsere Herzen. Ich liebe sie mit allem, was ich bin. Sie ist ein Teil von mir und ich würde alles für sie tun.

Als ich später alleine in meinem Bett lag und mich ausruhte, hörte ich auf dem Gang leise Stimmen, die in mein dunkles Zimmer drangen. Als die Tür aufging, schaute ich auf und sah Meghan vor dem Hintergrund des hellen Lichts auf dem Flur. Leslie-Ann hielt sie vorsichtig hoch, und Meghan brabbelte vor sich hin, während beide an mein Bett kamen. Traceys Schwester setzte Meghan neben mich.

Irgendwo tief in meinem Innern hatte sich Angst breitgemacht, mein kleines Mädchen würde mich nicht erkennen oder sich gar nicht mehr an mich erinnern. Ich hoffte und bangte zugleich. *Bitte, Gott,* flehte ich, *lass sie wieder ganz meine Tochter sein.* Tracey, ihre Eltern und meine Eltern kamen leise hinzu, und das Zimmer füllte sich langsam mit immer mehr Menschen. Meghan sah sich im Zimmer um. Vielleicht spürte sie plötzlich unsere erwartungsvollen Blicke. Sie betrachtete alles und jeden im Zimmer genau, und als sie sich zu mir drehte, verstummte ihr fröhliches Geplapper. Mit einem dicken Kloß im Hals streckte ich ihr meine Hand entgegen. Ich wollte so gern wieder mit ihr verbunden sein, denn ich sehnte mich aus väterlicher Liebe so sehr nach ihr. Als ich durch die zusammengebissenen Zähne meines verdrahteten Kiefers mit ihr sprach, schien der Klang meiner Stimme in ihr etwas wachzurufen. Ich konnte förmlich sehen, welche Gedanken ihr durch den Kopf gingen: *Moment – wessen Stimme ist denn das? Ich glaube, ich kenne diese Stimme. Könnte das ...?* Meine entgegenstreckte Hand schien sie zu ermutigen. Sie näherte sich mir wie einer monumentalen Entdeckung, die sie erst ganz allmählich zu begreifen schien. Still und ganz genau betrachtete sie mich mit ihren großen blauen Augen, als wollte sie die Tiefen meiner Seele ergründen. Sie schaute sich jeden meiner Gesichtszüge aufmerksam an. Ihr vertrauter, lieblicher Duft ließ ungeheure Zuneigung in mir aufkommen. Sie hob die linke Hand, um meine zu berühren, sah mir dabei immer noch starr in die Augen und sagte nur eine einzige, aber ungeheuer bedeutsame Silbe: „Da!"

Mein kleiner Engel.

Mein Herz schmolz dahin und große Tränen kullerten über mein Gesicht. Ich nahm Meghan sehnsüchtig in den Arm. Ich drückte sie so fest, wie ich gerade dazu imstande war. Und als sie mich erkannte, plapperte sie einen Schwall an Worten heraus und gestikulierte lebhaft. Vermutlich war es ihre Art, mir zu erzählen, was alles in der Zeit passiert war, in der ich nicht dagewesen war. Es war, als wollte sie unsere Trennung gleichzeitig verstehen und erklären.

Wieder bei Tracey und Meghan zu sein, gab meiner Seele neuen Sinn und Trost. Als Tracey so neben mir saß und ich Meghan im Arm hatte, verschwanden der Schmerz und die Sorge unserer langen Trennung allmählich. Wir träumten zwar nicht mehr von den idyllischen und schier unbegrenzten Möglichkeiten, die uns unser Leben einmal geboten hatte. Unsere Träume und Hoffnungen waren jetzt einfacher. Wir konnten von vorne anfangen, hier an dieser Stelle, und das Träumen wieder wagen.

10

Winzige Schritte

Als Tracey und ich mit der Reha anfingen, richteten wir unsere Aufmerksamkeit auf die einfachen Dinge, die für uns früher selbstverständlich waren: gehen zu können, Arme und Beine zu bewegen, Gesundheit, Unversehrtheit, Selbstständigkeit, arbeiten zu können, eine Familie zu sein – eben alles, was man als „normal" bezeichnen konnte. Die ersten beiden Monate, die wir im Krankenhaus verbracht hatten, waren lediglich der Beginn eines langen Weges. Sie dienten dazu, überhaupt die Kraft zu bekommen, einen viel längeren Weg beschreiten zu können – den der Wiederherstellung.

Fortschritte durfte ich bereits am nächsten Tag erleben und sie waren für mich besondere Momente: Die Fixierung meines Unterkiefers wurde entfernt, ebenso die Magensonde. Als die Magensonde gezogen wurde, hatte ich das Gefühl, sie reiche durch meinen Magen hindurch bis in die Zehen. Der Schlauch muss mindestens zwei Meter lang gewesen sein. Von diesen beiden Umständen befreit zu sein, gab mir einen gehörigen Schub an Selbstvertrauen und Energie, den ich dringend benötigte. Nicht nur, dass ich jetzt etwas menschlicher aussah, endlich konnte ich wieder essen und schmecken.

Tracey hatte von uns beiden die größeren körperlichen Herausforderungen zu meistern. Ihr Körper war völlig zerschunden. Mit mehr als zwanzig Knochenbrüchen, die meisten in den Beinen, hatte sie wochenlang im Bett gelegen. Das andauernde Liegen hatte ihre Muskeln erschlaffen lassen und ihr jegliche Kraft und Ausdauer entzogen. Und nun wurde jeden

Tag die Beweglichkeit ihrer Knie, Hüfte und Knöchel auf die Probe gestellt – ein Grad nach dem anderen, Millimeter für Millimeter. Mit Schienen an den Beinen und einem Gurt um die Taille, an dem die Therapeuten sie hielten, stellte man Tracey zwischen die Stangen eines Barrens. Sie halfen ihr dabei, erst einen, dann noch einen und vielleicht sogar einen dritten Schritt zu gehen. Tracey hatte dafür ihren ganzen Körper einzusetzen, um mit ihren Beinen in einer unbeholfenen, ermüdenden Bewegung daherzuschlurfen.

Dabei zuzusehen, wie sie sich abmühte, mit ihrem einst so anmutigen und athletischen Körper die einfachsten Bewegungen wieder zu lernen, konnte ich kaum ertragen. Ich als ihr Mann hatte das Gefühl, ihr helfen und sie beschützen zu müssen, damit alles wieder gut werden würde. Wenn ich allerdings sah, wie sie versuchte, ihre Muskeln anzuspannen und die Gelenke zu bewegen oder einen unsicheren Schritt zu gehen, tat es mir in der Seele weh. Ihre Entschlossenheit und Tapferkeit brachten sie letztlich voran. Bei jedem kleinen Sieg erkannte ich den Stolz auf ihrem Gesicht.

*

Wir waren am selben Ort, zur selben Zeit, aus demselben Grund, aber während ich Tracey zusah, wie sie sich durch die Rehabilitation kämpfte, wurde mir klar, dass sich neben den körperlichen Beeinträchtigungen auch unsere persönlichen Wahrnehmungen des Unfalls sowie der Zeit im Krankenhaus voneinander unterschieden. Mir wurde das durch unsere unterschiedlichen Persönlichkeiten und Perspektiven zu jener Zeit bewusst.

Durch meine rebellische Lebensphase war ich es gewohnt, gegen Widerstände anzukämpfen. Außerdem hatte ich, wie bereits erwähnt, aus irgendeinem Grund mit einer schweren

Prüfung in meinem Leben gerechnet. Tracey hingegen hatte stets erwartet, dass das Leben einigermaßen sorgenfrei verlaufen würde.

In den ersten Wochen nach dem Unfall war ich entweder bewusstlos oder so mit Medikamenten vollgepumpt, dass ich erst nach und nach begriff, was eigentlich geschehen war. Tracey hatte das alles sehr viel eindringlicher und intensiver erlebt. Das Erlebte einzusortieren und zu verarbeiten, überstieg fast ihren Verstand. Unser Leben war friedlich und vielversprechend gewesen und im nächsten Augenblick waren wir schwer verletzt und kämpften ums nackte Überleben. Tracey erlebte brutal mit, wie sich unsere Realität veränderte. Und während ich zusah, wie sie Schritt um Schritt gegen diese neue Realität ankämpfte, konnte ich nur für sie beten und sie ermutigen. Und ich bewunderte sie Tag um Tag mehr.

Ich konzentrierte mich darauf, meine rechte Hand wieder gebrauchen zu können. Durch die Amputationen und Transplantationen sah sie aus und fühlte sich an, als hätte man sie zwei Wochen in Salzwasser eingeweicht, dann vakuumverpackt und erhitzt, bis sich die Haut ganz eng um jede Faser und jeden Knochen gelegt hatte. Meine Hoffnung, meine verschrumpelte Hand wieder gebrauchen zu können, ruhte jetzt auf der Ergotherapeutin Evelyn Rose.

Den Mitarbeitern in der Klinik gebührt ein besonderes Lob. Die Ärzte, Schwestern, Pfleger und Therapeuten haben sich nicht nur auf unsere körperlichen Leiden konzentriert, sondern legten viel Wert auf eine ganzheitliche Rehabilitation – im Sinne von Körper, Seele und Geist. Das war sehr hilfreich für uns, denn uns war klar, dass sich unser Gesundheitszustand von vor dem Unfall nicht hundertprozentig wiederherstellen ließ. Allerdings wussten wir nicht, wie weit wir genesen, welche Körperfunktionen wir wiedererlangen und welche Einschränkungen bestehen bleiben würden. Wir wagten es daher nicht zurückzuschauen. Ich glaube, wir hatten beide Angst, dass das Ausmaß unseres zerstörten Körpers uns erdrücken und unseren Fortschritt hemmen würde.

Von Anfang an hatten wir die leise geäußerten Sorgen und Prognosen mitbekommen: Tracey würde vielleicht nie mehr laufen können; ich könnte an einer Infektion sterben; ich würde möglicherweise meinen Arm verlieren; wir würden unser ganzes Leben lang Schmerzen haben; wir würden keine Kinder mehr bekommen; unsere Ehe würde das nicht überstehen und so weiter. Aber wir waren entschlossen, den Widerständen zu trotzen und nicht nur einfach zu überleben, sondern wieder aufzublühen.

Jeder Schritt, den Tracey machte, begeisterte uns. Und wir feierten jeden Millimeter, den ich meine Hand besser bewegen konnte. Wir versuchten, uns einfach keine Gedanken über das Tempo unserer Genesung, mögliche bleibende Langzeitschäden und gesundheitliche Probleme zu machen.

Nichtsdestotrotz wurden unsere kleinen Triumphe gelegentlich auch von Sorgen getrübt. Bei jedem Schritt, den Tracey unternahm, fürchtete sie, dass dieser vielleicht das Maximum war, was sie je erreichen würde. Und als ich kräftig genug war, um ohne Rollator oder Krücken zu gehen, wurde ich immer erschöpfter.

Die Ärzte schrieben meine Erschöpfung verschiedenen Faktoren zu: Ich war insgesamt aktiver, bekam täglich stundenlang Therapie für die Hand, hatte weitere Operationen und Transplantationen an Gesicht und Kopf, schlief nicht gut, und unsere Rehabilitation war insgesamt anstrengend. Regelmäßig wurde auch Traceys und mein Blut untersucht. Eines Nachmittags, als ich gerade bei der Therapie war, kam Linda, eine meiner Pflegerinnen, mit ein paar Unterlagen zu mir. „Dann", sagte sie, „Ihre Blutprobe war nicht ganz in Ordnung." Mein Magen machte einen Satz, als sie fortfuhr:

„Sie haben erhöhte Leberwerte. Wir müssen das näher untersuchen."

Wenn man bedenkt, dass das alles Ende der 1980er-Jahre
geschah, und wir beide Dutzende von Bluttransfusionen bekommen hatten, und zwar in einem Teil der USA, in dem die
Versorgung mit Blutkonserven etwas fragwürdig war (nämlich Süd-Florida), bestand ein erhöhtes Risiko, sich vielleicht
mit einer verseuchten Blutkonserve infiziert zu haben. Tracey und ich hatten daher immer ein wenig Angst vor Aids,
und bei jeder Blutentnahme hielten wir innerlich die Luft an,
bis die Ergebnisse da waren. Als nun meine Laborergebnisse
nicht in Ordnung waren, steigerte das unsere Befürchtungen.
Nach weiteren Blutuntersuchungen und Arztbesuchen diagnostizierte man bei mir Hepatitis, und zwar weder A noch B,
sondern den neu erkannten Typ C.

1989 wusste man noch nicht viel über Hepatitis C. Allgemein galt sie als eine weniger gefährliche Variante des be-
drohlicheren Typs A oder B. Bislang war man nicht in der
Lage, Spenderblut auf dieses besondere Virus hin zu untersuchen. Wenn man sich infiziert hatte, gab es keine andere
Behandlung, als abzuwarten. Nach einigen Wochen zeigten
weitere Bluttests, dass meine Leberwerte sich langsam wieder
normalisierten, und die Ärzte versicherten mir, ich sei „geheilt". Nach damaligem Wissensstand wusste man, dass Aids
bzw. eine HIV-Infektion nicht sofort ausbrechen musste, sondern auch noch lange nach der eigentlichen Ansteckung auftreten konnte. Diese Sorge begleitete uns über Jahre.

*

Bevor wir es merkten, ging der November 1989 zu Ende und
Thanksgiving kam. Als einen weiteren kleinen Schritt auf dem
Weg unserer Genesung beschlossen die Ärzte, wir dürften

zum ersten Mal für einen Tag nach Hause. Wir verbrachten den Tag bei Traceys Eltern in Port St. Lucie, das knapp siebzig Kilometer südlich von Vero Beach lag, und kamen abends in die Klinik zurück. Wir waren begeistert, einen weiteren Schritt in Richtung Normalität gehen zu können und wieder mit Meghan zusammen zu sein – als Familie.

Es war ein kühler, grauer Tag, als wir bei Tom und Mary ankamen. Traceys ganze Familie hatte sich versammelt, um uns wärmstens willkommen zu heißen. Nach zweieinhalb Monaten im Krankenhaus schien es uns schon fast unwirklich, wieder „zu Hause" zu sein – mit Meghan und anderen Familienmitgliedern in einem richtigen Haus. Erst dort aber – und wenn es auch nur für ein paar Stunden war – merkten wir, wie sehr uns die ganz einfachen Dinge gefehlt hatten: ein Snack zwischendurch, sich in einem Liegesessel ausruhen, dem eigenen Zeitplan folgen und eine Privatsphäre haben. All das zu genießen, war wunderbar und unterstrich noch einmal, wie weit wir schon gekommen waren und welchen Weg wir noch vor uns hatten.

Genauso schnell wie Thanksgiving gekommen war, stand auch Weihnachten vor der Tür. Auch wenn manche Tage sich endlos hinzuziehen schienen, verging die Zeit doch schnell. Wir versuchten, uns in Weihnachtsstimmung zu bringen, aber angesichts all der täglichen Therapien und unserer anderen „Mitstreiter" in der Klinik, die genauso kämpften wie wir, wurde es uns nicht weihnachtlich zumute.

Eines Abends dachten wir, es wäre schön, gemeinsam fernzusehen. Wir hatten beide einen kleinen Vier-Zoll-Bildschirm, an einem Ständer befestigt, neben unserem Bett. Wenn wir also etwas zusammen anschauen wollten, mussten wir nebeneinanderliegen. Da unsere Betten aber etwa drei Meter auseinanderstanden, löste ich einfach die Bremsen und schob die Betten zusammen, damit wir einen Film sehen konnten, den keiner von uns kannte: „Ist das Leben nicht schön?" Am Ende des Films mussten wir beide weinen. Wir konnten gut mit George mitfühlen, der dachte, er hätte alles verloren, als ein Engel vom Himmel und Dutzende ganz irdischer Engel ihm in seiner dunkelsten Stunde zu Hilfe kamen. Wir empfanden es als einen passenden Vergleich mit unserem Leben, sowohl damals als auch heute.

Kurz vor Weihnachten standen noch zwei andere Feste vor der Tür: Meghans erster Geburtstag am 13. Dezember 1989 und drei Tage später hatte auch Tracey Geburtstag. Wenn man bedenkt, dass wir diese Feste beinahe nicht mehr erlebt hätten, waren sie jetzt umso wichtiger für uns. Meine Eltern kamen extra nach Florida, um mit uns zu feiern, und wir durften die Nacht bei Tom und Mary verbringen. Es war die erste Nacht seit dem Unfall, die wir nicht in einem Krankenhaus verbrachten. Obwohl es nur eine Nacht war, begaben wir uns mit Meghan in ein „normales" Leben und unternahmen so einen weiteren Schritt nach vorne.

An Weihnachten durften wir sogar für zwei ganze Tage nach Hause. Das einzige Geschenk, das ich Tracey machen wollte, war, ihren Ehering wieder richten zu lassen. Bei dem Unfall war er schwer beschädigt worden. Er war beinahe zu einer Acht verbogen und einige der kleinen Diamanten fehlten. Ich konnte mir gar nicht vorstellen, wie sie ihn von ihrem Finger gelöst hatten, ohne ihn aufzuschneiden. Ich wollte, dass Tracey wieder ihren ursprünglichen Ring trug, auch wenn ich ihn dafür einschmelzen und neu schmieden lassen musste. Ihren Ehering richten zu lassen, schien mir ein symbolischer Akt dafür zu sein, dass wir irgendwie auch unser Leben wieder herrichten konnten.

Einmal konnte ich mich von Tracey davonschleichen und einen Ausflug in ein Einkaufszentrum unternehmen, wo ich verschiedene Juweliere aufsuchte. Nachdem ich ihnen den Ring gezeigt und unsere Geschichte erzählt hatte, wagte nur einer sich an die Aufgabe, ihn zu reparieren. Eine Woche später rief der Juwelier mich an und meinte etwas hintergründig: „Ich habe mir größte Mühe gegeben. Bitte kommen Sie und schauen Sie sich ihn an." Traceys Bruder Rob fuhr mich zum Einkaufszentrum, und als mir der Juwelier den Ring präsentierte, verriet mir sein verschmitztes Lächeln bereits, was los war: Der Ring war wunderbar wiederhergerichtet und sah noch prachtvoller aus, als ich ihn in Erinnerung hatte. Ich zog meinen Geldbeutel heraus, aber der Juwelier lehnte es ab, bezahlt zu werden. Er meinte, es sei ein Geschenk, und er hoffe, dass Tracey und ich in Zukunft noch viel Gutes erfahren würden. Seine Arbeit und seine Großzügigkeit waren überwältigend.

Einige Tage später saßen wir mit der Familie zusammen und packten die Geschenke aus. Als Tracey ihr Geschenk öffnete und den Ring sah, brach sie in Tränen aus. Sie steckte ihn sich an den Finger und er glitzerte noch schöner als der Weihnachtsbaum. Ihre Augen leuchteten so hell wie die Lichterketten. Es war ein besonderer Moment.

Das lange Weihnachtswochenende zu Hause mit den anderen zu verbringen, war eine wunderbare Abwechslung von dem täglichen Einerlei in der Reha-Klinik. Als wir uns für die Rückfahrt bereitmachten, sah ich Tracey an und sagte: „Ich will nicht mehr zurück. Ich bin so gern zu Hause mit Meghan. Ich wünschte, wir könnten einfach hierbleiben." Tracey sah mich traurig an. Ich wusste, dass es ihr genauso ging, aber sie war immer die Vernünftige und antwortete: „Ich auch. Wirklich. Aber je länger wir in der Klinik sind, desto schneller kommen wir nach Hause – und zwar für immer." Ich wusste, dass sie recht hatte, aber mir graute davor zurückzugehen.

Nach Weihnachten machte unsere Genesung beständig, aber qualvoll eintönig Fortschritte. Wir kämpften nicht nur körperlich darum, wieder gesund zu werden, sondern auch mental. Eine positive Grundeinstellung war das Wichtigste, um zu genesen. Inmitten unserer Leiden hatte ganz oft unsere Haltung den Unterschied zwischen Leben und Tod, zwischen Genesung und Stagnation ausgemacht. Sie kam aus unserem Glauben heraus. Wir wussten, dass Gott uns aus einem bestimmten Grund am Leben erhalten hatte, und uns war klar, dass er in allen Umständen Segen wirken kann. Was auch immer er noch in Zukunft für uns bereithielt, wir wollten diesen Segen in vollem Umfang genießen. Jetzt, wo wir allen Widerständen zum Trotz überlebt hatten, brauchten wir diese Haltung auch weiterhin, um gesund zu werden und unsere Entschlossenheit täglich zu bewahren.

Rein körperlich maßen wir unseren Fortschritt daran, um wie viel Grad wir ein Gelenk beugen, wie viele Schritte wir gehen, wie viele Kilo wir heben konnten und wie viel Ausdauer wir hatten, um Schmerz und Erschöpfung zu überwinden. Die Ärzte beurteilten auch unseren mentalen und emotionalen Fortschritt, aber sehr viel weniger spezifisch. Eine ihrer größten Sorgen war, ob wir uns langfristig auf unsere neue Realität einstellen konnten. Ganz gleich, wie gut wir betreut wurden und wie sehr wir uns Mühe gaben, wir würden irgendwann an einen Punkt kommen, an dem es nicht mehr weiter voranging. Unsere körperlichen Fähigkeiten würden einfach nicht mehr die gleichen sein wie früher.

Tracey und ich waren entschlossen, unser Bestes zu geben und uns nicht von irgendeiner Behinderung abhalten zu lassen. Vielleicht war das ein Wunschdenken, aber für uns war es der einzige Weg, um voranzukommen.

Zu unserem Team von Betreuern gehörten neben Ärzten, Pflegekräften und Therapeuten auch Psychologen und Sozialarbeiter. Eines ihrer größten Anliegen betraf eine weitere mögliche Folge unserer Verletzungen: eine zerbrochene Ehe. Sie wussten, dass die Scheidungsrate bei Ehepaaren, bei denen einer der Partner eine chronische Krankheit oder Behinderung hat, bei schätzungsweise bis zu 75 Prozent liegt. Unsere Beratungsgespräche drehten sich daher oft um die Herausforderungen, mit der neuen Lebenssituation klarzukommen, und darum, welche Belastung eine Krankheit oder Behinderung für eine Ehe sein kann. Insofern gilt es für betroffene Paare, auf der Hut zu sein, damit die Erschöpfung, Gebrechlichkeit und Schwächezustände nicht das Gute in ihrem Leben zunichtemachen.

Wir verstanden zwar das Anliegen unserer Betreuer, waren aber nicht wirklich besorgt. Wir hatten die größtmögliche Unterstützung, die man nur haben kann: Gott. Und unser Ehegelübde war für uns nicht nur eine nette Zeremonie gewesen. Wir hatten es damals sehr ernst genommen und tun es weiterhin. Und wenn man bedenkt, wie unsere Beziehung angefangen hat, dann haben wir immer das Gefühl gehabt, dass wir eine „arrangierte" Ehe führen – von Gott arrangiert. Was Gott zusammengefügt hatte, konnte wirklich nichts und niemand trennen – kein betrunkener Autofahrer, keine Verletzungen, oder irgendetwas anderes. Unser Glaube an Gott und unser Vertrauen ineinander hat uns damals wie heute zusammengehalten.

*

Nach Weihnachten konnte Tracey, wenn auch noch unsicher, mit Krücken statt mit dem Rollator gehen. Rollstuhl und Rollator hatte ich inzwischen hinter mir gelassen und benutzte nur gelegentlich Krücken. Inzwischen war auch meine rechte Hand beweglicher geworden, und es schien keine Frage mehr zu sein, *ob* ich sie wieder gebrauchen können würde, sondern *wie gut*. Insofern konzentrierten sich unsere täglichen

Anwendungen darauf, Beweglichkeit und Kraft wiederzuerlangen. Es war jetzt nur noch eine Frage der Zeit, bis wir entlassen und die Therapien ambulant fortgesetzt werden würden.

Da meine Rehabilitation gute Fortschritte machte, konnte sich mein Betreuerteam vorstellen, mich nach Silvester zu entlassen, etwa um den 5. Januar 1990 herum. Tracey hingegen hatte noch einige Wochen Therapie nötig, ehe sie entlassen werden konnte. Aber ich weigerte mich, Tracey auch nur für wenige Wochen alleine zu lassen. Nach allem, was wir durchgemacht hatten, würde ich auf keinen Fall ohne sie irgendwohin gehen. Nach reiflicher Überlegung stimmte das Betreuerteam schließlich einem Kompromiss zu: Ich durfte zwei Wochen länger bleiben und Tracey wurde eine Woche früher entlassen. Unsere Entlassung wurde auf den 19. Januar 1990 datiert – nach 144 Tagen Krankenhaus.

I I

Ein Zuhause, aber nicht zu Hause

In die Treasure-Coast-Reha-Klinik waren Tracey und ich auf Tragen eingeliefert worden. Verlassen haben wir sie auf unseren eigenen Beinen. Was uns das bedeutete, kann ich gar nicht genug betonen. Da laufen zu können, einmal nahezu unmöglich schien, waren wir begeistert, diesen riesigen Schritt auf unserem Weg hin zur Normalität erreicht zu haben.

Trotzdem lagen noch beachtliche Herausforderungen vor uns und etliche Fragen waren noch unbeantwortet. Dass vielleicht noch weitere Operationen auf uns warteten, wussten wir, nicht aber, wann oder wie viele. Niemand konnte sagen, ob Tracey je ohne Gehstock würde laufen können oder ob im Nachhinein Schmerzen oder andere Umstände auftreten würden, die ihr das Laufen wieder unmöglich machen würden. Der Chefarzt der Reha-Klinik schrieb in meinen Entlassungsbericht, dass es aufgrund der Schwere meiner Verletzungen unwahrscheinlich sei, dass ich je wieder voll berufstätig sein könnte. Würde ich überhaupt wieder arbeiten können? Wann würde es soweit sein? Wie sollten wir unsere Rechnungen bezahlen? Wie würden wir mit den Aufgaben als Eltern zurechtkommen? Würden wir je wieder ohne fremde Hilfe alleine leben können? Wie würden wir auf die Umwelt außerhalb unseres geschützten Kreises reagieren und wie würde die Welt auf uns reagieren? Wie würden wir nach all diesen Veränderungen miteinander umgehen? Sollten die Psychologen und Sozialarbeiter vielleicht recht haben, und wir würden nach allem, was wir durchgemacht hatten, doch eine Ehekrise erleben?

Die Lunte der Ungewissheit, die in der Nacht des Unfalls angezündet worden war, glimmte weiter. Auf viele Antworten würden wir noch warten müssen. Hätten wir versucht, alle Zweifel und Ungewissheit auf einmal zu überwinden, wären wir voraussichtlich unter dem ständigen Widerstand langsam kaputtgegangen. Stattdessen nahmen wir eine Herausforderung nach der anderen in Angriff.

Noch in der Treasure-Coast-Rehaklinik, ehe wir entlassen wurden, hatten wir bereits beschlossen, die nächsten Monate während unserer ambulanten Reha in Port St. Lucie bei Tom und Mary zu bleiben. Verschiedene Gründe sprachen dafür. Einer war, dass in Wisconsin bereits der Winter Einzug gehalten hatte. Bei Schnee und Eis hin- und herfahren zu müssen, schien uns tückischer, als uns lieb war. Außerdem wollten wir gerne in der Obhut der uns vertrauten Ärzte und Betreuer bleiben, damit wir eine kontinuierliche Behandlung erfuhren. Ein weiterer Punkt war, dass Tom und Mary viel Zeit hatten, uns zu helfen. Sie konnten sich beispielsweise um Meghan kümmern, uns zu den zahlreichen Terminen fahren sowie uns einfach bei alltäglichen Dingen helfen.

Bei Tom und Mary sein zu können, gemeinsam mit Tracey und Meghan, war wunderbar. Wir genossen es, körperlich und als Familie wiederhergestellt zu sein – mit bzw. trotz all unserer Einschränkungen. Wir waren so glücklich, Meghan jeden Tag zu genießen, Privatsphäre zu haben und wieder einigermaßen normal zu funktionieren.

Trotz Toms und Marys Hilfe strengte uns unser neuer Alltag mindestens genauso an wie die Zeit in der Rehaklinik, vielleicht sogar noch mehr. Und uns wurde Anfang Februar 1990 schmerzlich bewusst, dass es wohl noch Monate dauern würde, ehe wir wirklich wieder alleine leben konnten. Unsere Situation dämpfte einfach wieder einmal unseren Optimismus, aber wir versuchten, es wegzustecken. Einmal mehr mussten wir uns vergegenwärtigen, einen Tag nach dem nächsten zu bewältigen, das Beste zu hoffen und hart zu kämpfen, um unser Leben zurückzugewinnen – wie auch immer es am Ende aussehen mochte.

Die Langzeitbehandlung meiner Hauttransplantationen und Verbrennungen bedeutete für mich eine weitere Umstellung. Bis Hauttransplantationen und Verbrennungen ausgeheilt sind, können Monate, wenn nicht Jahre vergehen. Normalerweise, wenn man die Haut verletzt, bildet das Kollagen gleichmäßige Schichten, um die verwundete Stelle zu heilen. Bei Verbrennungen und Transplantationen allerdings verliert die Haut ihre natürliche Spannung. Das Kollagen bildet daraufhin wildes Gewebe, das sich an manchen Stellen anhäuft und so weitere Narben verursacht. Um den Heilungsprozess etwas zu begünstigen, trug ich daher Kompressionskleidung, die der Haut half, sich zu regenerieren. Ich trug Handschuhe, eine Jacke und Kompressionsstrumpfhosen. An Kopf und Hals konnte ich es aufgrund des Hitzestaus nicht aushalten, diese Kleidung zu tragen. Ich schwitzte sie sofort nass und zog sie augenblicklich wieder aus. Dr. Hart hatte daher eine andere Lösung. Statt der Gesichtsmaske spritzte er mir Steroide in die zahlreichen Narben. Steroide nehmen der Haut das Kollagen, verhindern so die Narbenbildung und glätten das Gewebe. Alle zwei Wochen musste ich zu Dr. Hart. Er setzte mir jedes Mal Dutzende kleiner Injektionen – am Kopf, ins Gesicht und in den Hals. Obwohl jede Injektion sich wie ein Bienenstich anfühlte und mein Gesicht danach einige Tage gerötet und geschwollen war, war das immer noch besser, als die Gesichtsmaske zu tragen. Und das Ergebnis war frappierend. Nach vielen Monaten waren die Narben geglättet und verschwunden.

*

Unsere Behandlungen gingen weiter und wir machten beständig Fortschritte. Nun aber musste Traceys Kiefer noch einmal korrigiert werden. Die Brüche waren nicht gut miteinander verwachsen, sodass ihr Kiefer eine Fehlstellung hatte und der Biss nicht stimmte. Die Operation war aufwendig. Der Chirurg wollte ihren Oberkiefer so zurechtschneiden, dass der Winkel zum Unterkiefer wieder passte. Anschließend wollte er ihren Unterkiefer erneut brechen und zurechtrücken, ehe er ihr dann das Kinn so formte, dass es sich den Veränderungen anpasste.

Die Operation fand im Mai 1990 im Martin-Memorial-Krankenhaus statt. Sie dauerte länger als die angesetzten vier Stunden. Ich fing an, mir große Sorgen zu machen, aber als die Schwester dann herauskam und sagte, dass die Operation beendet war und Tracey bald wieder auf ihrem Zimmer sein würde, war ich erleichtert. Die Familie und ich gingen also in ihr Zimmer. Es dauerte weitere zwei Stunden, ehe wir schließlich die Räder des Krankenbettes rattern hörten und zwei Krankenpfleger Tracey ins Zimmer schoben.

Auf ihren schrecklichen Anblick war ich nicht vorbereitet. Traceys ganzer Kopf war von Eisbeuteln umgeben, und der Teil des Gesichts, den ich sehen konnte, war blutig und geschwollen. Ich zuckte zusammen, als ich sie so leiden sah. Bei allem, was wir beide durchgemacht hatten, hatte nie einer von uns den anderen in einem solchen Zustand erlebt. Nun sah ich ihre frischen Wunden und konnte den Anblick kaum ertragen. Ich fühlte mich hilflos, war wütend und traurig. Ich blieb die Nacht über bei ihr und versuchte, sie so gut wie möglich zu trösten und dafür zu sorgen, dass die Schwestern alles taten, um ihr zu helfen.

Tracey erholte sich in den nächsten Wochen nur langsam von der Operation. Ihr schreckliches Gesicht nach der Operation wollte mir einfach nicht aus dem Kopf gehen. Stets hatten wir beide uns bemüht, unsere Verletzungen herunterzuspielen, aber Tracey so sehen zu müssen, rüttelte mich wach. Mir wurde plötzlich bewusst, welche Schwierigkeiten uns vielleicht noch bevorstanden. Trotzdem entschlossen wir uns erneut, alles zu unternehmen, um unsere Genesung zu beschleunigen.

Trotz des Rückschlags durch die Gesichtsoperation waren Traceys Fortschritte insgesamt erstaunlich. Angesichts ihrer sechzehn Knochenbrüche vom Becken hinab bis zu ihren Knien und einem Knöchel, der so zertrümmert war, dass er beinahe amputiert worden wäre, war es schon ein Wunder, dass sie überhaupt wieder gehen konnte. Wahrscheinlich aber würde sie nie mehr rennen können. Sie hinkte, was sich mit der Zeit nur noch wenig bessern würde, und sie würde mit Schmerzen leben müssen, die sich voraussichtlich im Alter verschlimmern würden. Ganz gleich, wie gut ihre Genesung jetzt voranschritt, Schmerzen und eine zunehmende Steifigkeit, bedingt durch die Arthrose ihrer in Mitleidenschaft geratenen Gelenke, würden sie eines Tages mehr und mehr begleiten.

Meine Fortschritte verliefen geradliniger. Seit meinen ersten Schritten in Tampa konnte ich immer besser gehen. Meine Verbrennungen, Transplantationen und die Stellen der Hautentnahme verheilten weiterhin gut, nur würde ich auch zukünftig Kompressionskleidung tragen müssen. Die Beweglichkeit meiner Hand hatte sich auch stark verbessert. Zwar würde ich nie wieder so fingerfertig werden wie früher, aber viele alltägliche Handgriffe, die ich damals für selbstverständlich gehalten hatte, wie mich rasieren, Zähne putzen, Werkzeuge in die Hand nehmen, das Lenkrad halten, Küchengegenstände halten, wurden nun wieder möglich.

Wir versuchten, uns keine Sorgen um die Zukunft zu machen und eher so zu leben, wie Jesus es gesagt hatte: „Der morgige Tag hat seine eigene Sorge." Es sollten allerdings wohl noch Jahre vergehen, ehe wir sagen konnten: „Jetzt sind

wir so gut wie möglich ‚ausgeheilt', wir haben alles Erdenk-
liche getan – und jetzt wollen wir einfach das aufrechterhal-
ten, was aus unseren geflickten Körpern geworden ist." Allerdings waren wir unsicher, ob dieser Moment je kommen
würde. Nur, was konnten wir anderes tun, als weiterzukämp-
fen und nie aufzugeben?

*

Langsam verlagerte sich der Schwerpunkt unseres Gene-
sungsprozesses dahin, Alltagstätigkeiten wieder zu erlernen,
Kraft und Ausdauer zu trainieren und wieder selbstständig zu
werden.

Wir hatten beide unser nächstes Ziel vor Augen: Wir wollten zurück nach Wisconsin. Mir war klar, was das vor allem
für Mary bedeutete. Ihr graute vor unserer Abreise. Sie hing
sehr, manchmal zu sehr, an ihrer Familie. Und nach dem Unfall schien es, als könne sie den Gedanken, nicht mehr bei
Tracey zu sein, nicht ertragen. Womöglich dachte sie, Tracey
könnte nur gesund werden, wenn sie bei ihr war. Warum sie
uns nicht gehen lassen wollte, konnte ich daher nachvollziehen, allerdings wusste ich auch, dass auch noch ein anderer
Teil unseres früheren Lebens auf uns wartete.

Wir besaßen immer noch ein Doppelhaus in Wisconsin. Da
es zweigeschossig war, konnten wir es nun aufgrund unseres
körperlichen Zustandes nicht mehr bewohnen. Daher wollten
wir es vermieten, um die Hypothek zu bezahlen, und hatten
uns also um Mieter zu kümmern. Außerdem hatte mein Ar-
beitgeber großzügig beschlossen, meine Stelle so lange frei
zu halten, bis ich wieder gesund war. Obwohl in meinen Ent-
lassungspapieren der Reha-Klinik stand, dass es zweifelhaft
sei, ob ich je wieder arbeiten könnte, war ich mir sicher, eines
Tages wieder meinen Job aufnehmen zu können.

Ich wusste, dass Mary Verständnis haben würde für unseren Wunsch, nach Hause zurückzukehren. Toms Reaktion auf unsere bevorstehende Reise bereitete mir hingegen mehr Sorgen. Er war viel zu diplomatisch und zurückhaltend, um etwas dagegen zu sagen. Er würde uns unterstützen und genau wissen, warum wir zu gehen hatten, aber der Abschied von Tracey, seiner jüngsten Tochter, genügte, um das Ganze für ihn sehr schwer zu machen. Wirklich unruhig machte mich zudem Toms Beziehung zu Meghan. Seit unserem Unfall war der Großvater die schützende Hülle gewesen, die Meghan umgab. Zwischen den beiden war eine so enge Bindung entstanden, dass ich befürchtete, Tom würde die Trennung emotional nicht verkraften.

Der Unfall hatte ein Loch in unsere sorgfältig gewobene Decke gebrannt, die unsere Familien einst umhüllt und all unsere Unsicherheit und Verwundbarkeit bedeckt hatte. Dieses Brandloch würde weiterglühen, denn die schöne Illusion eines Lebens ohne Tragödien und Leid hatte sich in den Flammen unseres Unfalls in Rauch aufgelöst. Ich schreckte daher vor dem Gedanken zurück, unseren Eltern, die so viel für uns an Opfern gebracht hatten, noch mehr Schmerz zuzufügen. Doch ganz gleich, wann – der Abschied würde sehr, sehr schwer.

Eines Abends, es war Anfang Juni 1990, als ich mich mit Tom unterhielt, sprach ich das Thema schließlich an: „Tom, du weißt, dass es jetzt so weit ist, dass wir darüber nachdenken müssen, nach Hause zurückzukehren."

„Ich weiß", antwortete er leise.

„Du weißt, dass ich all das, was du für Meghan, Tracey und mich getan hast, nie wiedergutmachen kann. Du warst ein großer Segen", sagte ich. Dann fügte ich hinzu: „Es wäre schön, wenn wir alle beisammenbleiben und in der Nähe wohnen könnten, aber wir müssen nach Wisconsin zurück. Dort ist unser Haus und mein Arbeitsplatz wartet auf mich."

Kurz zögerte er, lange genug, um einmal kräftig an seiner Zigarre zu ziehen, und seine Gedanken schienen mit dem Rauch in der Luft zu hängen. „Ich würde lügen, wenn ich behaupten würde, dass ich euch nicht vermissen werde. Meghan ist so süß. Aber wir sind nur einen Flug weit entfernt. Ich verstehe, dass ihr aufbrechen müsst. Ihr habt nach Hause in euer altes Leben zurückzukehren." Dann fügte er hinzu: „Wenn du nicht zurückgehst, wirst du immer das Gefühl haben, du wärst einfach spurlos verschwunden."

Er hatte recht. Erst, als er es so formulierte, wurde mir klar, dass ich mich genau so fühlte. Letzten September hatten wir Wisconsin verlassen, um in Florida Urlaub zu machen, und waren nie zurückgekehrt. Was unser Umfeld zu Hause betraf, war es wirklich so, als seien wir einfach spurlos verschwunden. Toms Reaktion erleichterte mich sehr. Das war typisch Tom – realistisch, ehrenhaft und großzügig.

12

Zeitreise

Wir beschlossen, am 28. Juni 1990 nach Hause zurückzukehren. Da unser Haus zwei Stockwerke besaß, uns noch weitere Operationen bevorstanden und wir noch Hilfe mit Meghan brauchten, war die einfachste Lösung, zu meinen Eltern in ihren Bungalow zu ziehen. Sie wohnten nur wenige Kilometer von unserem Haus in Jackson entfernt.

Florida verließen wir an einem strahlend schönen Donnerstagnachmittag. Tom, Mary und Traceys ganze Familie gaben uns unter Tränen die besten Wünsche mit auf den Weg. Unser Abschied war bittersüß. Am Flughafen von Milwaukee empfingen uns unsere Familie und Freunde, allen voran meine Eltern, mit Jubel und Freudentränen. Die Gruppe war so groß und laut, dass die anderen Reisenden gedacht haben müssen, wir seien irgendwelche VIPs. Nun, für all diejenigen, die uns da willkommen hießen, waren wir das wohl auch.

Die Fahrt zum Haus meiner Eltern in Jackson war fast wie im Traum. Alles, was wir unterwegs sahen, hatte dieses wunderbare Gefühl von etwas Neuem und doch auch ganz Vertrautem. Ein persönliches Déjà-vu-Erlebnis, nur eben ganz real – und doch fühlte es sich irgendwie unwirklich an.

Unsere Euphorie hielt die ersten Tage an. Wir machten uns wieder mit unserer Heimatstadt vertraut und besuchten Freunde und Verwandte. Sie hielt so lange, bis wir den Mut aufbrachten, zu unserem Haus zu gehen. Als wir es betraten, fühlte es sich an, als machten wir eine Zeitreise. Zehn Monate waren vergangen. Damals war Meghan ein brabbelndes Baby gewesen und jetzt war sie ein sprechendes Kleinkind. Damals war unser Lebensweg geradlinig, jetzt war er unklar und ungewiss. Als wir die Tür hinter uns geschlossen hatten, um nach Florida zu fahren, waren wir gesund und munter. Jetzt, nach unserer Rückkehr, waren wir verletzt und schwach.

Als wir durch die Tür in das Haus gingen, überwältigte uns plötzlich ein Gefühl von Verlust, das sich schwer auf unsere Brust legte. Lieder und Träume unseres früheren Lebens traten uns vor die Augen und Schatten unseres einst so idyllischen Lebens lauerten hinter jeder Ecke. Die Erinnerungen hefteten sich wie Spinnweben an uns, als wir den Flur entlanggingen. Unser Haus war einst voller Lebenslust gewesen und jetzt verfolgten uns unerfüllte Träume.

*

Obwohl wir in dieser Situation erkannten, was wir alles verloren hatten, wurde uns aber auch bewusst, wie viel wir in den letzten zehn Monaten erreicht hatten. Unser Gesundheitszustand hatte sich viel besser entwickelt, als alle je erwartet hatten, und wir wollten uns weiter strapazieren, so weit wie es eben möglich war. Aber bevor wir wieder alleine leben konnten, hatten wir noch einige Hürden zu nehmen. Meghan war jetzt fast zwei Jahre alt und musste, wie alle Kleinkinder, ständig unter Aufsicht sein. Die nächsten Operationen sollten uns allerdings daran hindern, mit ihr mitzuhalten. Außerdem waren Tracey und ich oft mit unseren ambulanten Reha-Maßnahmen beschäftigt, weswegen wir meine Eltern für Meghan einspannen mussten.

Während der nächsten Monate waren wir beide wieder einmal auf Krücken angewiesen. Traceys Knöchel und Fuß mussten noch einmal operiert werden und mir wurden in zwei getrennten Eingriffen die Marknägel aus den

Oberschenkelknochen entfernt. Im Frühjahr 1991 zeichnete es sich dann allerdings endlich ab, dass wir so weit waren, wieder alleine leben zu können.

Sosehr wir uns auch auf unsere Selbstständigkeit freuten, wir würden die Hilfe unserer Eltern, die sie während der vergangenen beiden Jahre geleistet hatten, vermissen. Ihre Unterstützung, wenn wir zu erschöpft oder einfach nicht imstande waren, uns um Meghan zu kümmern, war mehr als nur ein „In-die-Bresche-Springen" gewesen. Auch glaubten sie beide unerschütterlich an uns, was uns aufbaute, wenn unsere Welt einmal düster und ungewiss aussah oder wenn unsere Hoffnung nachließ und die Verzweiflung uns den Blick trübte.

Es war der 1. März 1991, als wir in ein eigenes Apartment zogen und den letzten Schritt in Richtung Selbstständigkeit unternahmen. Unsere Wohnung lag nur ein paar Kilometer von unserem Doppelhaus und nur wenige Minuten von meinen Eltern entfernt. Es schien wie ein Zwischending zu sein: Wir waren für uns, aber Hilfe befand sich gleich ums Eck, falls wir sie brauchten.

Es war spannend. Wir waren bereit, uns einen neuen Weg zu bahnen. Der Anfang war gemacht. Nun wollten wir den Schaden, der unserem Leben zugefügt worden war, hinter uns lassen.

13
Ein neues Leben

Was war in den vergangenen drei Jahren nicht alles passiert: Traceys Familie zog nach Florida, wir kauften ein Haus, hatten ein Baby bekommen, sind bei einem Autounfall schwer verletzt worden, haben Dutzende von Operationen überlebt, verbrachten viereinhalb Monate in Krankenhäusern, lebten bei Traceys Eltern in Florida, dann bei meinen Eltern in Wisconsin und jetzt wieder alleine in einer Wohnung. Wie ein Wirbelsturm traten die Veränderungen in unser Leben, der Flammen zu einer Feuersbrunst anfachte. Fast alles, was wir kannten und schätzten, wäre ihr zum Opfer gefallen. Unsere Fähigkeit, uns den Umständen anzupassen, Dinge anzunehmen und zu überwinden, wurde ständig auf die Probe gestellt.

Nun, eineinhalb Jahre nach dem Unfall, waren wir endlich wieder selbstständig. Unsere neue Zukunft begann sich langsam abzuzeichnen, nur beschäftigte uns eine Frage dabei: Würden wir unsere Familie noch erweitern können? Und falls ja, wann? Die Ärzte in Florida hatten Tracey davor gewarnt, noch einmal schwanger zu werden. Sie befürchteten, ihr Körper könnte das nicht verkraften. Zu vieles war unsicher, angefangen bei der Belastung für ihre geheilten Knochenbrüche und Gelenke, über die Gefahr von Blutgerinnseln, bis hin zu der (wenn auch geringen) Sorge um eine eventuell schlummernde HIV-Infektion durch die Bluttransfusionen. In den ersten Monaten nach dem Unfall schien die Befürchtung absolut gerechtfertigt, aber würden die Prognosen der Ärzte auch langfristig gelten?

Zwar wollten wir in nächster Zeit nicht unbedingt ein Kind bekommen, zumal es keine Antwort gab, was die Möglichkeit einer Schwangerschaft überhaupt betraf, doch wir wollten gerne für uns eine Entscheidung treffen. Tracey und ich gingen zu ihrem Frauenarzt, und nachdem wir ihm ihre Krankengeschichte erzählt und die Arztberichte aus Florida durchgegangen waren, besprach er mit uns die Aussichten. Sein besorgter Blick verriet uns, was er gleich sagen würde.

„Um Ihre Knochenbrüche mache ich mir keine Sorgen. Sie sind gut verheilt, und wenn es da wirklich Probleme gäbe, könnte man einen Kaiserschnitt machen. Was mir mehr Sorgen macht, sind die Blutgerinnsel, die Sie hatten, als sie im Streckverband lagen. Überall da, wo sich ein Blutgerinnsel gebildet hat, hat Ihr Körper Narbengewebe gebildet. In der Schwangerschaft besteht ein erhöhtes Risiko für Blutgerinnsel und das könnte lebensgefährlich sein."

Tracey traten Tränen in die Augen.

„Was ich damit sagen will, ist, wenn Sie schwanger werden würden, wäre das eine Risikoschwangerschaft, und zwar eine sehr riskante, und davon rate ich Ihnen ab."

„Wenn es Ihre Frau wäre, was würden Sie ihr dann raten?", fragte ich dazwischen.

„Genau das Gleiche, was ich Ihnen gesagt habe. Ich würde es nicht zulassen."

Wir waren beide sehr niedergeschlagen. Zerstörung und Zweifel breiteten sich einmal mehr aus und drohten, uns wieder zu zerstören. Schweigend verließen wir das Büro des Arztes. Als wir zum Auto kamen, verlor Tracey die Fassung. „Durch den Unfall wurde uns so viel genommen. Wir haben die Zeit verpasst, als Meghan ein Baby war, wir haben unsere Gesundheit verloren, unser Haus und ich meinen Job. Alles, was ich wollte, waren noch mehr Kinder."

Tracey hatte recht, und es gab nichts, was ich sagen konnte, um sie zu trösten. Es war einer der wenigen Augenblicke nach unserer Tortur, in dem wir uns eingestanden, was wir verloren hatten. Gleichzeitig war uns beiden klar, dass wir ganz sicher verbittert und wütend werden würden, wenn wir uns nur auf das konzentrierten, was wir verloren hatten, statt auf das zu schauen, was uns Gott geschenkt hatte. Wir wollten kein Leben voller Bedauern und Enttäuschung führen. Das wäre kein Leben. Wir durften einfach nicht übersehen, wie sehr wir mit Meghan schon gesegnet waren. Wir waren es ihr schuldig, ein Leben in Fülle zu leben. Wenn Gott wollte, dass unsere Familie nur aus uns dreien bestand, dann konnten wir das vielleicht nicht verstehen, aber wir wollten es akzeptieren. Wo auch immer uns unser Leben von hier an hinführte, wir wollten darauf vertrauen, dass Gott uns führte.

*

Ein paar Monate nachdem wir unsere Wohnung bezogen hatten, fühlte ich mich so weit, um an meinen Arbeitsplatz zurückzukehren. Ich fuhr Fahrrad, hob Gewichte und machte Jogging – wenn auch sehr langsam und unter Schmerzen –, und so fühlte ich mich endlich stark genug, um den täglichen Anforderungen der Arbeitswelt gewachsen zu sein.

An meinen Arbeitsplatz zurückzukehren, war ein gewaltiger Schritt. Als Verkäufer steht man sehr unter Beobachtung. Ich würde täglich mit Dutzenden von Menschen zu tun haben. Manchmal machte es mir schon etwas aus, Blicke wegen meiner Narben und Hauttransplantationen zu ernten. Nicht nur das, schließlich war auch meine rechte Hand verkrüppelt und entstellt sowie meine rechte Gesichtshälfte durch die Transplantationen stark vernarbt. Zwar wurden die Narben mit zunehmendem Alter blasser und waren nicht mehr so auffällig, aber damals machte ich mir ständig Gedanken darüber. Manchmal fühlte ich mich in der Öffentlichkeit sogar wie entblößt.

Mein erster Arbeitstag war am 1. Mai 1991 und begann mit einer Verkaufsbesprechung. Tracey begleitete mich zur Arbeit und in das Besprechungszimmer. Viele meiner Kollegen waren auch gute Freunde, was meine Rückkehr zu mehr machte als zu einem normalen Arbeitstag – es wurde ein Fest.

Nach zwanzig Monaten Abwesenheit hatten wir das Gefühl, endlich wieder oben auf dem Berg angelangt zu sein. Viele der Herausforderungen, die sich uns in den Weg gestellt hatten, hatten wir gemeistert. Und als mich bzw. uns die Kollegen willkommen hießen, spiegelte sich für mich in ihren Gesichtern der reiche Segen, den uns Gott seit unserer Tortur beschert hatte. Nicht nur, dass uns in jener Nacht ein Engel geholfen und geheilt hatte, Gott hatte uns inmitten dieser Tragödie auf vielfältige Art und Weise gesegnet. Hätten wir noch mehr verlangen können?

Langsam, aber sicher kehrten wir in das Leben zurück, wie wir es vor Jahren begonnen hatten. Nicht bis ins Detail und natürlich nicht ohne Abstriche, aber eine gewisse Normalität zog wieder ein. Nach allem, was wir durchgemacht hatten, fühlte sich alles, was nur annähernd normal war, wie ein Sieg an.

Bei aller Freude über das Erreichte, manche Tatsachen ließen sich einfach nicht ausblenden: Traceys Verletzungen ließen es nicht zu, dass sie wieder arbeiten ging. Auch war es ihr nicht möglich, Meghan hinterherzulaufen, was zudem Besorgnis erregte, da eine quirlige Zweijährige nun mal dazu neigt, einfach davonzulaufen. Auch sahen wir uns weiterhin mit chronischen Schmerzen konfrontiert. Mich plagten hin und wieder sogar Erschöpfungszustände, die mich stunden-, manchmal sogar tagelang lahmlegten. Mit ihnen habe ich auch heute noch zu kämpfen.

Unser Leben schien sich permanent zu verändern; nur bedeuteten jetzt Veränderungen, dass sich unser Leben deutlich verbesserte. Nachdem wir einige Monate in unserer Wohnung verbracht hatten, überlegten wir, ein Haus zu bauen, das unser neues Zuhause werden konnte. Im Nachbarort kauften wir ein Grundstück und schmiedeten Pläne für unser ideales Haus. Es sollte ein breiter Bungalow werden, in dem alles ebenerdig war. Wir wollten jedes Zimmer und alles, was wir brauchten, leicht erreichen können und breite Flure und Türen haben. Wir suchten einen Bauunternehmer und der erste Spatenstich war im November 1991.

Als wir zusahen, wie unser Haus in die Höhe wuchs, und uns auf den Einzug im Sommer 1992 freuten, konnten wir uns an die Vorstellung, zu dritt ganz alleine in dem Haus zu wohnen, das dreimal so groß war wie unsere vorige Wohnung, kaum gewöhnen. Seit Meghan auf der Welt war, hatten wir entweder in den Möglichkeiten unserer Doppelhaushälfte oder eines Apartments gewohnt oder waren bei unseren Eltern in deren Häusern untergekommen. In einem neuen Haus so viel Platz zu haben, kam uns irgendwie fremd vor.

Der viele Platz weckte in uns erneut den Gedanken an ein Geschwisterchen für Meghan. Und damit kehrte auch die quälende Sorge zurück, die Traceys Gynäkologe bezüglich einer erneuten Schwangerschaft geäußert hatte. Ich konnte nicht nachvollziehen, warum ihre Krankengeschichte solch ein Risiko sein sollte.

Mit Traceys Stapel an Krankenakten und den Anmerkungen ihres Frauenarztes baten wir Dr. Anderson, einen Spezialisten für Risikoschwangerschaften, um Rat. Nachdem er die Unterlagen gründlich durchgesehen hatte, erklärte er uns, wie gefährlich eine Lungenembolie sein konnte, und nannte viele der Gefahren, die auch Traceys Frauenarzt vor einem Jahr aufgezeigt hatte.

„Einen Moment mal", warf ich ein. „Ich verstehe ja, dass eine Lungenembolie tödlich sein kann, aber Tracey hatte nie eine Lungenembolie."

Dr. Anderson schien verwirrt zu sein. Der ernsthaft, aber freundlich wirkende Mann mit den grauen Schläfen runzelte die Stirn und meinte: „Aber hier ist notiert, dass Sie nach dem Unfall eine hatten."

Tracey schüttelte den Kopf. „Nein, ich hatte eine Fettembolie, als Folge meiner Knochenbrüche, und ich hatte auch Blutgerinnsel in meinem linken Bein, aber in der Lunge hatte ich nie ein Gerinnsel – zumindest nicht, soweit ich weiß."

„Hm", murmelte Dr. Anderson und blätterte in Traceys Akte aus dem Martin-Memorial-Krankenhaus. Nach einigen Minuten hellte sich seine Miene etwas auf. „Ich glaube, ich habe das Problem gefunden. Soweit ich erkennen kann, wurde, als Sie damals die Fettembolie hatten, an einigen Stellen *Lungenembolie* notiert. Aber ich sehe jetzt, dass das später korrigiert wurde. Wenn das stimmt – und was Sie sagen, unterstützt das –, dann habe ich absolut keine Bedenken hinsichtlich einer Schwangerschaft. Ich würde Ihnen allerdings trotzdem empfehlen, wegen der Gefahr einer Venenthrombose täglich Heparin zur Blutverdünnung zu nehmen." Und mit einem breiten Grinsen sagte er: „Wenn Sie noch ein Kind bekommen möchten, sollte das also kein Problem sein."

Jetzt standen uns beiden Tränen in den Augen. Eine unserer größten Befürchtungen hatte sich soeben in Luft aufgelöst. Vielleicht vergrößerte sich unsere Familie jetzt doch noch. Wir wussten, dass Gottes Zeitplan immer besser ist als unser eigener, und vielleicht würde er uns tatsächlich noch ein Kind schenken – wenn die Zeit dafür gekommen war. Uns auszumalen, in ein neues Haus zu ziehen *und* noch ein Kind zu bekommen, verschlug uns fast den Atem. Unsere Zukunft schien auf einmal so verheißungsvoll wie eh und je.

14

Ein Fels, eine Gnadenfrist und Rebekah

Im Juni 1992 zogen wir begeistert in unser neues Haus. Ich hatte das Gefühl, dieses Haus war wie ein Fels, auf dem wir den Rest unseres Lebens aufbauten: unsere Kinder großziehen, füreinander sorgen und gemeinsam alt werden. Es gab uns ein wunderbares Gefühl von Beständigkeit und Zugehörigkeit.

Wir hatten gehofft, Tracey würde bis zu unserem Einzug wieder schwanger werden, aber offensichtlich war die Zeit noch nicht reif dafür. Bei Meghan war die Schwangerschaft schon wenige Wochen nachdem wir beschlossen hatten, es zu versuchen, eingetreten. Dass jetzt schon fast ein Jahr lang nichts passierte, war sehr frustrierend, besonders für Tracey. Wir hatten die Hoffnung beinahe aufgegeben, zumal wir einige Monate lang ärztliche Beratung in Anspruch genommen und Fruchtbarkeitstests hatten machen lassen. Außerdem hatten wir nach unserer langen Zeit in Krankenhäusern Ärzte, Kliniken und alles Medizinische satt. Die Fruchtbarkeitstests und Behandlungen kamen uns daher wie eine weitere Schinderei vor.

Anstatt Gott um seinen Segen zu bitten und dann demütig und geduldig auf seine Antwort zu warten, schien es, als bestürmten wir Gott, uns noch ein Kind zu schenken. Aber wie in der Geschichte der hartnäckigen Witwe in Lukas 18 versuchten wir so gut wie möglich, treu und geduldig zu bleiben, in der Hoffnung, dass Gott irgendwann antworten würde.

Im Spätherbst hatten wir uns fast schon damit abgefunden, zu dritt zu bleiben und fingen an, uns auf die bevorstehenden Feiertage zu konzentrieren. Irgendwann in dieser Zeit hatte Tracey, als sie ins Gebet vertieft war, aus heiterem Himmel eine Erkenntnis. Sie hatte das Gefühl, Gott sprach zu ihr, und spürte, wie ein warmer Strom durch ihren Körper floss. In Gedanken hörte sie dabei die Worte: *Tracey, es geht nicht nach deinem Zeitplan, sondern nach meinem.*

Ich erinnere mich gut daran, wie aufgeregt ihre Stimme war, als sie mir von dem Erlebnis erzählte. Sie war fest davon überzeugt, dass sie schwanger werden würde – wenn nicht schon bald, dann zu einem Zeitpunkt, den Gott für den besten für uns hielt. Tracey hatte mit diesem Erlebnis Frieden erfahren und sie sorgte sich nicht mehr um eine erneute Schwangerschaft. Sie widmete sich nunmehr ganz den Vorbereitungen für unser erstes Thanksgiving und Weihnachten in unserem neuen Zuhause.

Zu Weihnachten bekamen wir das schönste Geschenk überhaupt: Tracey war schwanger. Der errechnete Geburtstermin lag im August. Wir freuten uns sehr, dass Gott uns diesen überreichen Segen zuteilwerden ließ.

*

Trotz all der Freude am Weihnachtsfest 1992 mussten wir bald feststellen, dass es das Jahr 1993 wieder turbulent mit uns meinen sollte. Es sollte ein Jahr werden, in dem wir lächelten, weinten, erleichtert aufatmeten und immer und immer wieder von Gottes Segen überrascht wurden.

Wir hatten gehofft, dass Traceys Schwangerschaft unproblematisch und ohne Zwischenfälle verlaufen würde, aber dem war nicht so. Täglich hatte ich Tracey eine Heparin-Spritze zu setzen, die Blutgerinnsel verhinderte. Sie fürchtete sich vor den Injektionsnadeln, ertrug die Spritzen aber mutig. Es war der Preis, der gezahlt werden musste, um während der Schwangerschaft gesund zu bleiben. Gott sei Dank bildeten sich keine Blutgerinnsel, aber Traceys Gesundheit war während der Schwangerschaft nicht die beste. Zu Beginn bekam Tracey eine ernsthafte Magen-Darm-Erkrankung. So stark, dass wir einige Male ins Krankenhaus mussten. Bald fanden wir heraus, warum sie so krank geworden war. Fast die Hälfte der Bevölkerung im Großraum von Milwaukee erkrankte an der größten durch das Trinkwasser verbreiteten Epidemie in der Geschichte der USA: Kryptosporidien, einzellige Parasiten. Wir waren am Tag, bevor Tracey krank wurde in Milwaukee. Ein Schluck aus einem Trinkwasserhahn hatte genügt.

Im Juni 1993 reisten Tracey, Meghan und ich nach Nebraska zur Hochzeit von Michelle, Traceys Cousine. Michelle hatte Meghan gebeten, Blumenmädchen zu sein, und natürlich waren sowohl Tracey als auch Meghan begeistert. Als Kind hatte Tracey Weihnachten, Ostern und die Sommerferien oft mit Michelle und ihren jüngeren Geschwistern, Erich und Beth, verbracht. In Nebraska sollten wir auch Traceys Eltern treffen und freuten uns schon auf die Hochzeit und die Zeit miteinander.

Mit Tom und Mary trafen wir uns am Flughafen in Lincoln, nahmen zusammen einen Mietwagen und fuhren zu den Feierlichkeiten nach Fremont. Obwohl das Wochenende wunderschön war, machte ich mir Sorgen, und zwar um Mary. Sie war außergewöhnlich blass und schien müde zu sein. Des Öfteren legte sie sich hin und musste sich mehr als gewöhnlich ausruhen. Nach der Hochzeit und all den anderen Treffen versicherte uns Mary, dass es ihr gut ging und sie nur mit einer ungewöhnlich lange andauernden Bronchitis und Erkältung zu kämpfen gehabt hatte. Wie viele andere Raucher schien

Mary ein geschwächtes Immunsystem zu haben, was sie für solche Krankheiten besonders anfällig machte.

Wir dachten später nicht mehr weiter über Marys Gesundheitszustand nach. Viel zu sehr waren wir auch damit beschäftigt, uns auf die Ankunft unseres Babys – Rebekah – vorzubereiten und dafür zu sorgen, dass Tracey gesund blieb.

Einige Wochen später erhielt ich spätabends einen Anruf von Mary.

„Dann", sagte sie, „ich hätte ja zuerst Tracey angerufen, aber weil sie schwanger ist, möchte ich, dass du es ihr sagst." Ihre Stimme stockte, dann sagte sie: „Ich habe schlechte Nachrichten für euch: Ich habe Lungenkrebs."

„Oh nein", rief ich bestürzt. „Das tut mir so leid, dass du das durchmachen musst", antwortete ich. „Du weißt, dass ich dich und Tom liebe. Was kann ich tun, um euch zu helfen?"

„Bring es Tracey einfach so schonend wie möglich bei. Mach dir keine Sorgen um mich, kümmere dich nur um Tracey und das Baby."

Marys schlechtes Aussehen in Nebraska ergab plötzlich einen Sinn. Wahrscheinlich hatte der Krebs schon seit Monaten an ihr gezehrt und ihr Luft, Energie und Lebenskraft geraubt. Ihre Blässe war bedingt durch innere Blutungen eines sehr großen Tumors.

Da Mary das Memorial-Stadtkrankenhaus im nahe gelegenen Menomonee Falls, wo sie fast dreißig Jahre lang gearbeitet hatte, gut kannte und den Ärzten dort vertraute, sagte sie, sie wolle für die Operation und die Behandlung von Florida zu uns „nach Hause" kommen. Sie fragte, ob sie und Tom für die Dauer der Behandlung bei uns bleiben konnten. Ich hatte schon vermutet, dass sie das tun würden.

Tracey war an jenem Abend weg gewesen, und ich zermarterte mir den Kopf, wie ich es ihr beibringen sollte. Unser Unfall war erst vier Jahre her und in verschiedener Hinsicht hatten wir uns noch nicht vollständig davon erholt. Manche Wunden fühlten sich immer noch frisch an.

Als Tracey nach Hause kam, wartete ich, bis sie sich setzte, aber mein Verhalten verriet ihr schon, dass etwas nicht stimmte. „Irgendwas ist los – was ist?", fragte sie. Ich erzählte ihr, dass ihre Eltern zu Besuch kommen würden, und erklärte ihr anschließend, warum. „Tracey, deine Mutter hat Lungenkrebs." Ich zuckte erschrocken zusammen und erwartete Tränen der Trauer. Aber Tracey schloss nur für einen kurzen Moment ihre Augen und erklärte dann resolut: „Was auch immer passiert, wir werden schon damit fertigwerden." Sie rief ihre Mutter an, sie weinten und beteten miteinander und planten anschließend das Eintreffen von Tom und Mary. Nachdem sie aufgelegt hatte, sah Tracey mich an und sagte: „Ich weiß nicht, warum ich das jetzt sage, aber ich habe das Gefühl, dass alles gut werden wird."

Offensichtlich wollte Tracey den Ernst der Lage nicht ganz wahrhaben: Mary hatte fast 45 Jahre lang stark geraucht. Sie hatte beim Husten Blut gespuckt, und ihre Ärzte in Florida hatten ihr mitgeteilt, der Tumor sei sehr groß. Bei Lungenkrebs bewegt sich die Überlebensrate nur bei etwa zehn Prozent, und Mary zeigte bereits deutliche Symptome, was ein sehr schlechtes Zeichen war.

Ich war froh, dass Tracey so optimistisch war. Sie war im siebten Monat schwanger und brauchte diese zusätzliche Belastung ganz sicher nicht. Mir war alles recht, was sie tat, um die Sorge um den Zustand ihrer Mutter zu mildern. Sosehr mir der Gedanke auch zuwider war, aber ich rechnete ernsthaft damit, dass Mary bis Ende des Jahres starb – wenn nicht sogar schon früher.

Tom und Mary trafen nach ein paar Tagen bei uns ein. Wir quartierten sie in unser Gästezimmer ein und unser Haus wurde plötzlich zum Nabel der Welt – für die ganze Familie und gute Freunde. Unser Haus war in dieser Zeit Krisenleitstelle, Restaurant und Hotel zugleich.

Marys Operation war für den 1. Juli 1993 angesetzt. Während wir auf die Operation warteten, schwang die unausgesprochene Angst, Marys Tod stehe schon fest, bei allen unseren Unterhaltungen mit. Unklar blieb, was wohl der Chirurg und der Onkologe sagen würden, wie lange sie noch zu leben hatte. Trotzdem taten alle ihr Bestes, um optimistisch zu bleiben und Gott anzuflehen, einzugreifen und sie zu heilen.

Während die Ärzte sich bei der Operation ihrer mühsamen Aufgabe widmeten, mussten wir besorgt auf Neuigkeiten über Marys Zustand warten. Fast zwei Dutzend Angehörige und Freunde saßen verteilt im Wartebereich, während Stunde um Stunde verging. Manche sahen fern, andere lasen und wieder andere von uns nickten ein.

Plötzlich kam Dr. Jenks, der Chefchirurg dieser Operation, in den Vorraum. Er war verblüfft, so viele Menschen zu sehen und wich vor der Menge einen Schritt zurück. Er sah sich nach Tom um, entdeckte sein besorgtes Gesicht und sagte zu ihm: „Mary geht es ganz ordentlich. Wir haben zwei Drittel ihres rechten Lungenflügels entfernt, zusammen mit einem Tumor, so groß wie eine Grapefruit, und einige Lymphknoten."

Uns allen rutschte das Herz in die Hose. Das war kein gutes Zeichen. „Aber sie hatte Glück. Der Tumor war abgekapselt. Aber ...", fuhr Dr. Jenks mit erhobener Hand fort, um seine Worte zu betonen, „... der erste pathologische Befund hat gezeigt, dass es ein kleinzelliger Lungenkrebs ist. Diese Art von Krebs ist sehr aggressiv. In den meisten Fällen operieren wir ihn nicht einmal, weil er so schnell wächst und sich ausbreitet. Aber weil der Tumor so groß war und sie innere Blutungen hatte, blieb uns nichts anderes übrig. Die Tatsache, dass der Tumor abgekapselt war, macht uns etwas Hoffnung. Nach der Biopsie der Lymphknoten und dem übrigen pathologischen

Befund werden wir mehr wissen." Er schloss mit einem Seufzer, in Erwartung der Fragen, mit denen er jetzt bombardiert werden würde.

Der Arzt schien die Fragen sowohl zu ignorieren als auch gleichzeitig zu beantworten, indem er niemanden persönlich ansprach und einfach sagte: „Sie ist jetzt auf der Aufwachstation. Die Schwester wird es Ihnen sagen, wenn sie wieder auf ihrem Zimmer ist. Wir können keine genaue Prognose abgeben, bevor wir den ausführlichen Bericht haben, und das wird ein paar Tage dauern." Wir dankten ihm, und im Gehen sagte er noch: „Sie hat wirklich Glück."

Eine vorsichtige Welle der Erleichterung schwappte über uns. Zunächst einmal verbreitete die Nachricht Hoffnung. Zwar war kleinzelliger Lungenkrebs die schlimmste Form des Krebses, die sie haben konnte. Die Fünf-Jahres-Überlebensrate lag bei unter einem Prozent. Aber die Tatsache, dass der Tumor abgekapselt war, hörte sich vielversprechend an. Dennoch: Der Tumor war groß gewesen und das schien Dr. Jenks sehr zu beunruhigen.

In den nächsten Tagen kam Mary langsam wieder zu Kräften. Der pathologische Befund bestätigte alles, was Dr. Jenks gesagt hatte: Es war tatsächlich ein kleinzelliger Lungenkrebs, der Tumor war eingekapselt, und ihre Lymphknoten waren – fast unglaublich – nicht vom Krebs befallen.

Nach ein paar Tagen im Krankenhaus durfte Mary wieder zu uns nach Hause, um sich auszuruhen und zu erholen, ehe die Strahlentherapie beginnen sollte, die ihr der Onkologe verschrieben hatte.

Eine Woche nach Marys Entlassung erhielten wir eine schockierende Nachricht. Eine Computertomografie von Marys Organen, die bei einer Nachsorgeuntersuchung gemacht wurde, zeigte einen golfballgroßen Tumor in Marys rechter Niere. Lungenkrebs bildet häufig Metastasen in den Nieren.

Ihr Onkologe und ihr Chirurg setzten sofort eine Operation an, um die Niere zu entfernen. Plötzlich war die Hoffnung, die uns nach Marys Lungenoperation so sehr aufgebaut hatte, fast verschwunden. Die schreckliche Nachricht haute uns alle um. Wenn der Krebs sich tatsächlich schon ausgebreitet hatte, waren Marys Aussichten sehr düster. Vielleicht hatte sie nur noch ein paar Monate zu leben.

Der Eingriff, um Marys rechte Niere zu entfernen, fand am 28. Juli 1993 statt. Die Szenerie ähnelte der bei ihrer Lungen-Operation vier Wochen zuvor: Wieder wartete die gesamte Familie besorgt. Tracey stand jetzt kurz vor ihrem Geburtstermin, und ich machte mir Sorgen, wie sich diese Belastung auf sie auswirken würde. Aber sie wartete ganz ruhig und hatte auch diesmal beschlossen, dass es das Beste sei, einen Schritt nach dem anderen zu gehen. Sie wollte sich weder zu sehr um das scheinbar Unausweichliche sorgen, noch zu sehr auf ein Wunder hoffen, das Mary noch einmal das Leben retten würde.

Irgendwann kam eine Schwester in den Wartebereich und bat uns, in ein angrenzendes Beratungszimmer zu kommen. Da das Zimmer sehr klein war, passten nur Tom und der Chirurg hinein, der Rest der Familie stand versammelt auf dem Flur, dicht gedrängt vor der Tür.

Der Chirurg wartete, bis alle da waren und es ruhig wurde. „Der Eingriff ist wie geplant gelaufen. Wir haben die rechte Niere ohne Komplikationen entfernt und es befand sich eine große Gewebemasse fast genau im Zentrum der Niere." Er fuhr fort: „Wir können es erst mit Sicherheit sagen, wenn wir den endgültigen Biopsiebericht haben, aber... es ist schon sehr erstaunlich." Er hielt inne und schien bei seinen nächsten Worten zu stocken. „Es *scheint*, als sei der Tumor gutartig. Es geht ihr gut. Sie ist dem Tod gerade noch mal von der Schippe gesprungen."

Unglaublich war es, einfach unglaublich.

Dass der Krebs Mary fest im Griff hatte und sie bis zu ihrem letzten Atemzug nicht mehr loslassen würde, schien fast sicher. Nach ihrer ersten Operation hätte sie eigentlich keine sechs Monate mehr zu leben gehabt, aber sie besiegte nicht nur den Krebs, sondern lebte auch länger als alle Prognosen.

Einmal mehr lernten Tracey und ich, was es heißt, sich der Gnade Gottes anzuvertrauen, die uns hält und uns stark macht in den Stürmen des Lebens. Auch unser Glaube an das Gebet wurde neu gestärkt. Marys Vorgeschichte, ihre Symptome und die Art des Krebses waren eigentlich so gut wie eine Garantie dafür, dass sie daran sterben würde. Doch wir haben gebetet und Gott hat unsere Bitte erhört – so einfach ist das. Nicht immer geschieht es so, aber wir durften es aus Gottes Gnade heraus erleben.

Einige Monate später fanden auch die letzten Fragen, ob Gott bei Marys Sieg über den Krebs wirklich eine Rolle gespielt hatte, eine Antwort. Mary erzählte uns von einem Erlebnis, das sie während eines Gottesdienstes hatte.

Ehe sie damals zu uns gekommen waren, hatten Tom und Mary ihre Heimatgemeinde, die St.-Francis-Episkopalkirche, besucht, in der die beiden mehr als dreißig Jahre lang Mitglieder gewesen waren. Zufällig – oder auch nicht – feierte die Gemeinde an diesem Mittwochabend, als Tom und Mary eintrafen, gerade einen Heilungsgottesdienst mit Abendmahl. Mary erzählte, als sie so schweigend in der Kirche saßen, sei plötzlich eine friedvolle Ruhe über sie gekommen und schien sie völlig zu erfüllen. Kurz darauf gingen Gottesdienstbesucher nach vorne, um von Pater Peter gezielt für sich um Heilung beten zu lassen. Als Mary zum Altar trat, sprach der Geistliche den Segen und salbte sie mit Öl. Dann legten er und die Diakone neben ihm ihr die Hände auf. Und bei den Abschlussworten des Segens „Im Namen des Vaters und des Sohnes und des Heiligen Geistes" sei plötzlich eine Wärme durch die rechte Seite ihres Körpers geströmt, „wie von einem Feuer", erzählte sie. Einige Augenblicke habe dies nachgeklungen. Dieses Gefühl überraschte Mary völlig. Weder hatte sie es erwartet noch sofort verstanden.

Mary war schon immer ein wenig rätselhaft. Sie war eine sehr zurückgezogene Persönlichkeit, aber stets ehrlich und aufrichtig mit ihrer Meinung. Sie klammerte sich an dieses besondere Erlebnis und hegte die winzige Hoffnung, dass sie vielleicht eine mächtige Antwort auf all die Gebete für sie erhalten hatte. Aber sie erzählte niemandem davon, damit keine falschen Hoffnungen und unrealistischen Erwartungen entstanden. Sie sagte: „Vielleicht habe ich mir das alles nur eingebildet. Vielleicht war mir nur heiß, weil ich mir Sorgen machte." Aber es gab ihr Hoffnung, sodass sie sich vor jedem Eingriff entspannen konnte. Sie hatte bis zu guter Letzt, bis zum Abschluss ihrer Behandlung, gewartet, ehe sie uns von jenem Juni-Sommerabend in der Kirche erzählte.

Für mich gibt es da nichts zu hinterfragen. Natürlich könnte man viele plausible Erklärungen finden. Nur, wenn man Marys Gesamtsituation betrachtet, scheint es mir doch ziemlich sicher, dass es nur einen Weg gab, wie sie ihre schwere Krebserkrankung überleben konnte, und zwar durch göttliche Heilung.

*

Mary erholte sich noch von ihren Operationen, als Tracey am 19. August 1993, dem errechneten Entbindungstermin, ihre Wehen bekam. Unser Leben war sowieso schon chaotisch, und jetzt kam noch mehr Durcheinander hinzu. Nur wenigstens war es diesmal ein freudiges Ereignis zum Feiern und Staunen.

Meghans Geburt war damals lang und schwer gewesen. Diese Geburt hingegen ging schnell und war komplikationslos.

Nur ein paar Stunden nachdem Tracey ins Krankenhaus gekommen war, brachte sie ein gesundes Mädchen zur Welt: Rebekah! Wir waren überglücklich. Jetzt waren wir eine gesunde,
glückliche, vierköpfige Familie, und Meghan war begeistert
von ihrer kleinen Schwester. Wieder einmal hatte Gott in unserem Leben gesiegt. Er führte uns durch dunkle Stunden der
Ungewissheit und des Zweifels in sein Licht und erfüllte seine
Verheißung.

Ein paar Wochen später waren wir abermals auf seine un-
wandelbare Liebe angewiesen. Rebekah war gerade fünf Wochen alt, gesund und munter. Hauptsächlich kümmerte sich
Großvater Tom um sie, damit Tracey sich nach Rebekahs Geburt erholen und gemeinsam mit Mary wieder zu Kräften
kommen konnte, während ich zur Arbeit ging. Eines Abends,
als ich gerade von der Arbeit nach Hause kam, nahm Tom
Rebekah aus der Wiege, sah zu Tracey und meinte: „Tracey,
sie glüht!" Tracey nahm Rebekah und fühlte, dass ihr kleiner
Körper ganz heiß war. Ich schnappte mir ein Thermometer,
maß schnell ihre Temperatur. Sie lag bei 40 Grad Celsius. Sofort fuhren wir mit ihr ins Krankenhaus. Dort mussten wir
zusehen, wie unser kleines Baby schrie, während aus ihren
winzigen Venen Blut entnommen wurde. Viel schlimmer war,
dass Rebekah eine Lumbalpunktion erhielt, bei der mittels einer großen Nadel Nervenwasser, eine gelbliche Flüssigkeit,
aus der Wirbelsäule entnommen wird. Es gibt viele Dinge, die
sich Eltern niemals für ihre Kinder wünschen. Eine Lumbalpunktion gehört definitiv dazu.

Rebekahs Kinderarzt, den wir persönlich kannten, kam ins
Zimmer und erkannte uns sofort. Seine Reaktion zeigte, wie
weit unser Ruf, das Unglück anzuziehen, verbreitet war. Er
wandte sich zur Schwester, die mit ihm hereingekommen war,
und sagte: „Oh je, das sind die Stadlers. Die Ärmsten haben
schon viel durchgemacht."

Sosehr wir sein Mitgefühl auch zu schätzen wussten, wir wollten nun Rebekahs Diagnose hören. „Rebekah hat eine virale Meningitis", erklärte uns der Arzt. „Ich weiß, dass das schrecklich klingt, aber obwohl wir eine virale Meningitis nicht behandeln können, ist sie trotzdem bei Weitem besser als eine bakterielle Meningitis." Weiter sagte er: „Eine bakterielle Meningitis kann das Gehirn schädigen oder sogar tödlich verlaufen, aber bei einer viralen Meningitis bleiben nur sehr selten Langzeitschäden zurück. Wir behalten Rebekah einige Tage hier, geben ihr zur Sicherheit Antibiotika und achten darauf, dass sie sich ohne Probleme wieder erholt."

Natürlich waren wir sehr erleichtert. Wieder einmal erlebten wir eine Krise und eine Gebetserhörung. Gott in allen Bereichen unseres Lebens zu vertrauen, ganz gleich, wie groß oder klein die Sache auch war, hatten wir schon seit Langem gelernt. Wir hatten keine andere Wahl, als aus Glauben heraus zu leben. Sosehr wir es auch manchmal versuchen – wir haben unser Leben doch nicht in der Hand.

In den nächsten drei Jahren entwickelte Rebekah sich zu einem fröhlichen, gesunden Kleinkind, Meghans Grundschulzeit begann vielversprechend und Mary erholte sich wieder völlig von ihrer Krebserkrankung. Obwohl unser Leben ins Gleichgewicht zu kommen schien, nagten einige Probleme doch immer wieder an uns und forderten uns heraus. Erschöpfungszustände folgten mir auf Schritt und Tritt, und meine Gesichtsverletzungen verursachten Probleme mit den Nasennebenhöhlen, die weitere Operationen nötig machten.

Nichtsdestotrotz hatte sich in unserem Leben ein gewisses Verhaltensmuster entwickelt. Obwohl wir wiederkehrend Leid und Katastrophen erlebten – weit mehr, als statistisch gesehen wahrscheinlich war –, wandten wir uns immer und immer wieder an Gott. Wenn wir mit unserem Durchhaltevermögen, unserer Geduld und unserem Glauben – wenn nicht sogar mit unserem gesunden Menschenverstand – am Ende waren, setzten wir alle unsere Hoffnung und alles Vertrauen auf ihn, und er bewahrte uns immer wieder vor den schlimmsten Folgen. Engel und Wunder haben die langsam brennende Lunte, die sich durch unser Leben zog, immer wieder aufgehalten, die kleinen Brände gelöscht und den Rauch vertrieben, der unsere Zukunft vernebelte.

15

Qualen und Engel in Nebraska
Was hätte sein können

Am Freitag nach Thanksgiving 1996 klingelte spätabends unser Telefon. Es war Mary, die sehr verzweifelt klang. „Dann, ich muss dir etwas Schreckliches sagen. Meine Nichte, Bills Tochter, Beth, und ihr Mann, Chris, hatten in Nebraska einen schlimmen Autounfall. Sie sind beide tot. Ihre Tochter, Emily, war auch im Auto. Sie hat einen Schädelbruch, wird aber wohl wieder gesund." Unter nahezu ähnlichen Umständen wie den unsrigen damals war das junge Ehepaar im Urlaub auf einer unbekannten Straße unterwegs gewesen, allerdings mit seiner kleinen Tochter.

Das waren niederschmetternde Nachrichten. Auf dem Weg zu Chris' Eltern in Ewing, Nebraska, war ihr Wagen auf vereister Fahrbahn ins Rutschen gekommen. Sie stießen mit einem entgegenkommenden Pick-up zusammen. In ihrem kleinen Auto hatten sie keine Chance. Der einzige Fleck, an dem man überleben konnte, war der Rücksitz, wo Emily sicher in ihrem Kindersitz angeschnallt war.

Tracey war am Boden zerstört. Als Kind hatte sie oft die Ferien mit Beth und ihren übrigen Cousinen aus Nebraska verbracht; auch mit Michelle, auf deren Hochzeit wir vor drei Jahren gewesen waren.

Beth und ihr Mann hatten sich kurz nach Beths Highschool-Abschluss kennengelernt. Die Anziehungskraft zwischen den beiden war gewaltig. Beth war das junge, hübsche Mädchen mit dem verspielten Ausdruck in den Augen und Chris, der vier Jahre älter war, der gut aussehende, unbezähmbare „College-Student mit charismatischer Persönlichkeit". Sie waren schon bald unzertrennlich und noch etwas anderes: werdende Eltern.

Mit gerade mal achtzehn Jahren wurde Beth schwanger. Chris geriet zunächst in Panik bei dem Gedanken, es ihren Eltern sagen zu müssen. Er war der einzige Sohn von Dennis und Cathy, die Viehwirtschaft betrieben und die vernünftigsten, anständigsten Menschen waren, die man sich vorstellen konnte. Aber nachdem der erste Schock nachgelassen hatte, stellte Chris bald fest, dass die Eltern ihre Pläne unterstützten, indem sie ihnen halfen, die Ausbildung zu beenden und dann zu heiraten. Beth und Chris wollten von Herzen gerne verantwortungsbewusste Eltern sein und ihrer Tochter ein liebevolles, sicheres Zuhause bieten.

Chris schloss sein College-Studium ab und wollte Lehrer werden, und Beth besuchte eine Schule, um Zahnhygiene zu lernen. Zwei Jahre nachdem Emily auf die Welt gekommen war, traten Chris und Beth in der St.-Patrick's-Kirche in Beths Heimatstadt, Fremont in Nebraska, vor den Traualtar. Ihre Beziehung hatte unter erschwerten Voraussetzungen angefangen, nun aber sah ihre Zukunft sehr vielversprechend aus.

Gerade ein mal fünf Monate später saßen Tom, Mary, Tracey und ich in Fremont. Es war ein dunkler, grauer Winterabend, der uns mit seiner traurigen Atmosphäre fast zu ersticken schien. Wir waren am Sonntagabend an der Friedhofskapelle angekommen, als dort gerade mit den Angehörigen die letzten Absprachen für die Beerdigung am Dienstag getroffen wurden.

Wir sahen, wie Beths Eltern, Bill und Pat, und Dennis und Cathy um ihre Kinder trauerten. Ihr Kummer war überwältigend und der Schmerz saß tief. Jeder in dem kleinen Raum nahm Anteil an dem widerfahrenen Leid. Als Tracey und ich diese Szene sahen, wurde uns bewusst, dass wir gerade Zeugen von etwas wurden, was vor sieben Jahren auch unser Tod hätte sein können. Die Parallelen waren zu offensichtlich, als dass man sie ignorieren konnte: ein junges Ehepaar, das gerade eine Familie gegründet hatte, eine kleine Tochter und ein schrecklicher Verkehrsunfall. Nur der Ausgang gestaltete sich anders: Während Tracey und ich unsere Verletzungen überlebt hatten, waren Chris und Beth ihnen erlegen. Uns fiel es schwer, damit umzugehen. Wir waren nicht nur zutiefst geschockt über den Tod von Chris und Beth, sondern auch konfrontiert mit dem unwirklichen Gefühl, auf einer Beerdigung zu sein, die auch unsere eigene hätte sein können.

Hinzu kam ein weiteres Gefühl, mit dem wir nicht gerechnet hatten und das wir nicht kannten: ein Schuldgefühl, dass wir unseren Unfall überlebt hatten. Irgendwie hatten wir den Eindruck, als würden uns alle ansehen und sich fragen, warum wir so einen schrecklichen Unfall überlebt hatten und Chris und Beth nicht. Wir wünschten, wir hätten eine Erklärung dafür gehabt, aber die hatten wir natürlich nicht, und dadurch fühlten wir uns noch unwohler.

Bei dieser schrecklichen Tragödie ging es keineswegs um uns – und wir wollten auch nicht, dass unsere Geschichte irgendeine Rolle spielte. Wir versuchten daher, uns nicht zu sehr einzumischen. Wir wollten einfach nur trauernde Angehörige sein, die versuchten, andere zu trösten. Trotzdem wurde unser Unfall häufig angesprochen, und hier und da wurden wir oft als das Ehepaar vorgestellt, „das vor einigen Jahren diesen schrecklichen Unfall in Florida hatte". Oder Freunde, Verwandte und Bekannte sprachen uns auf unseren Unfall an und fragten, wie es uns nun gehe. Das nahm so überhand, dass Tracey und ich uns häufig in unser Hotelzimmer zurückzogen.

Trotz unseres Vorhabens, nur still zu trauern und Anteil zu nehmen an der Tragödie, wurde uns nach und nach bewusst, dass wir vielleicht doch in all dem Schmerz etwas Trost spenden konnten. Am Abend des Unfalltages hatte ich ein Gedicht über Emily geschrieben, das ich später Pat und Bill überreichte. Es hatte sie offensichtlich bewegt, denn sie baten mich, es auf der Beerdigung vorzulesen.

Ihre Bitte berührte mich sehr, allerdings wollte ich das Gedicht nur vorlesen, wenn auch Dennis und Cathy damit einverstanden waren. Ich sprach mit ihnen und erzählte dabei auch kurz von Traceys Nahtoderfahrung. Obwohl mir bewusst war, dass letzten Endes nur die Zeit und Gottes Gnade ihre Herzen heilen konnte, fühlte ich mich ihnen nahe und hoffte, dass Traceys Geschichte ihre Trauer ein bisschen lindern konnte. Vielleicht würde sie die Geschichte eines Tages sogar trösten.

Obwohl sie mitten in dieser unerträglichen Tragödie steckten, und ihr einziges Kind und ihre Schwiegertochter verloren hatten, schienen Dennis und Cathy einen unglaublichen Frieden sowie Liebe und Wärme auszustrahlen. Sie ließen uns in diesem Augenblick an ihrer Lebenseinstellung teilhaben und meinten es ganz ehrlich mit uns. Die beiden sind so unauffällige und doch dynamische Persönlichkeiten, dass wir uns glücklich schätzen, sie nach all den Jahren zu unseren Freunden zählen zu dürfen. Jedes Mal, wenn ich die Seligpreisungen in der Bergpredigt lese, muss ich an Dennis und Cathy denken.

Sie hörten Traceys Geschichte aufmerksam zu und schienen etwas Bedeutsames daraus für sich ziehen zu können. Tracey versicherte den beiden noch einmal, dass wir unmöglich nachvollziehen konnten, was sie gerade durchmachten. Auf keinen Fall wollten wir uns in ihre ganz persönliche Trauer einmischen. Tracey gab sich die größte Mühe, den Frieden, die Liebe und die Schönheit Gottes zu beschreiben, die sie während ihres kurzen Einblicks in den Himmel erlebt hatte. Aber sie betonte auch, dass das erst der Anfang von dem war, was Beth und Chris erlebt haben mussten, und dass sie noch viel mehr erwartete, und zwar für alle Ewigkeit. Sie erklärte, sie wisse nicht, warum Chris und Beth gehen mussten, aber sie wusste, dass beide im Himmel waren und auf Emily aufpassen würden. Cathy und Dennis schienen dankbar zu sein für Traceys Einblicke, die ihnen zusicherten, dass Chris und Beth sich jetzt in der Gegenwart Gottes befanden.

Obwohl die Zeit stillzustehen schien, war es plötzlich Dienstag geworden, und wir versammelten uns zur Beerdigung in St. Patrick's – einer wunderschönen alten Backsteinkirche, die sich direkt aus der Erde zu erheben scheint. Als wir durch die große hölzerne Tür traten, richteten sich unsere Blicke auf das weiträumige Innere. Ein langer Mittelgang, der zu dem prächtigen Altar führte, teilte das rechteckige Kirchenschiff. Auf beiden Seiten des Mittelganges standen majestätische Säulen, die zu einer erhaben aufstrebenden Decke hinaufragten und sich nach dem Himmel auszustrecken schienen.

Die Schönheit und das Majestätische dieses Ortes, der noch vor wenigen Monaten Zeuge von Chris' und Beths Hochzeitsfeier gewesen war, schien sich so gar nicht mit der jetzt hier herrschenden Trauer zu vertragen. Und dennoch waren die Anmut und das Feierliche einer Kirche angemessen, weil beides die schweren Herzen derer, die nun in den Kirchenbänken saßen, zu beruhigen schienen. Die Reihen waren gefüllt. Es schien, als habe ganz Fremont, wenn nicht sogar ganz Ost-Nebraska, in der Kirche Platz genommen.

Die Trauerfeier begann und die beiden Särge wurden feierlich nebeneinander nach vorne getragen. Das leise und unterdrückte Murmeln der Trauernden mischte sich mit dem tiefen Klang des Glockengeläuts. Als Pater Mike den Trauergottesdienst eröffnete, bewunderte ich, wie gefasst er war. Mit Beth und Chris hatte er nicht nur das Traugespräch vor ihrer

Hochzeit geführt und sie anschließend auch getraut, nun hielt er auch den Trauergottesdienst ab und war sichtlich erschüttert über ihren Tod. Aber er war ein Fels des Glaubens und ein wahrer Hirte seiner Herde.

Unmittelbar vor der Schriftlesung las ich mein Gedicht vor. Obwohl ich es in der Ich-Form geschrieben hatte, war es doch aus dem Blickwinkel von Chris' und Beths Eltern gehalten.

Emilys Geschenk

Gestern Abend habe ich dich gesehen,
unter einer Million Sternen und Träume.
Du warst ganz tief in meinem Herzen,
aber ich konnte dich nicht umarmen,
konnte dich nicht berühren.
Ich weinte für mich,
weinte für die ganze Welt.
Du bist überall, wo ich bin,
und doch bist du nicht mehr hier ...

Ich bin jetzt bei ihr,
bei deinem kleinen Engel,
den Gott uns geschenkt hat,
und ich kann dich durch sie spüren.
Dein Lächeln,
dein Lachen,
das Funkeln in deinen Augen.
Und ich spüre deine Berührung,
deine Liebe ...

Und obwohl meine Liebe blutet
und daliegt wie Rosenblätter auf
frischem Schnee,

schenkt sie mir doch
durch das Fenster ihrer Seele
einen kurzen Blick auf deine, und
für einen winzigen Moment berühren
sich unsere Seelen,
und dann weiß ich, weil es in meinem
Herzen und meiner Seele brennt,
dass du nicht gegangen bist,
du bist nur kurz weg, nur weg.
Und ich werde wieder bei dir sein,
denn ich werde dich immer lieben,
in alle Ewigkeit.

Als ich an meinen Platz zurückging, sah ich zu Tracey und war erstaunt, wie friedvoll sie wirkte. Obwohl sie zu den emotionalsten Menschen gehört, die ich kenne, blieb sie inmitten dieser Tragödie völlig ruhig. Andererseits reagiere ich für gewöhnlich nicht sehr emotional, aber in diesem Moment spürte ich eine Welle der Traurigkeit in mir aufsteigen, die ich kaum unterdrücken konnte.

Tracey und ich gingen mit an Chris' und Beths Grab. Das unterdrückte Weinen und leise Seufzen der Menge lag schwer in der frostigen Luft. Ich konnte kaum noch meine Fassung wahren. Obwohl sie schon in der Ewigkeit waren, ertrug ich den Gedanken nicht, dass sie, wenn ihr Grab einmal geschlossen war, nicht mehr bei ihrer Tochter Emily waren. Rückblickend glaube ich, habe ich zum Teil auch geweint, weil Tracey und ich beinahe das gleiche Schicksal erfahren hätten; zum Teil auch wegen des Schmerzes, den es Chris und Beth bereitet haben muss, Emily zurückzulassen und natürlich auch wegen Emilys Zukunft. Die nüchterne Wahrheit, Emily würde jetzt ohne ihre Eltern aufwachsen, überstieg mein Denken. Anders als sonst übernahm Tracey dieses Mal die Rolle der

Trösterin, und ich staunte erneut, wie gefestigt ihr Glaube offensichtlich war. Sie wirkte friedvoll, ruhig und stark.

Nachdem die letzten Erdklumpen auf das Grab gefallen waren, verließen wir den Friedhof. Wir zogen uns auf unser Hotelzimmer zurück, wo wir uns ausruhen wollten bis zur Trauerfeier. Ich ließ Tracey am Hoteleingang aussteigen und parkte das Auto. Noch immer war ich tief in meine eigenen, verzweifelten Gedanken versunken, als ich zu unserem Zimmer kam und die Tür öffnete.

Als ich Tracey sah, traf mich ihr unglaublicher Anblick tief in meinem Inneren. Ihr Gesicht leuchtete – mit einem strahlenden Glanz, wie Alabaster, der sich mit Worten nicht beschreiben lässt.

Schockiert blieb ich im Eingang stehen, während hinter mir die Tür ins Schloss fiel. „Tracey, was ist passiert? Dein Gesicht leuchtet." Ich starrte weiter auf das Licht, das von ihrem Gesicht ausging. Es strahlte einen so tiefen Frieden aus, dass ich überwältigt war. Sie sah mich nur mit einem völlig zufriedenen Lächeln an.

„Bitte, erzähl niemandem davon", antwortete sie. „Ich will nicht, dass es an diesem Tag um irgendjemand anderes geht als um Beth und Chris." Ich willigte ein und erwartete gespannt ihre Erklärung. „Als wir in der Kirche waren, habe ich dem Pater zugehört und auf die Särge geschaut. Ich dachte gerade daran, dass ihre Körper jetzt ganz leer waren. Wir waren alle so traurig und dabei waren sie gar nicht mehr da. Ich wusste, dass sie genau dort waren, wo sie sein sollten – bei Gott. Als ich mich zu dir drehte, um dir das zu sagen, sah ich im Augenwinkel etwas unter der Decke – einen Engel. Er sah nicht so aus wie mein Engel, den ich nach dem Unfall gesehen habe. Dieser Engel war riesig und füllte mit seinen Flügeln, die er über uns alle ausgebreitet hatte, fast den ganzen oberen Teil der Kirche aus. Es war, als wolle er die ganze Gemeinde unter seine Flügel holen und sie trösten. Er war wunderschön. Dann drehte er den Kopf zu mir und wir sahen uns in die Augen. Seine Augen funkelten – es war fast, als wolle er mir zuzwinkern und mich grüßen. Er lächelte, und da wusste ich, dass alles gut werden würde, dass Chris und Beth genau da waren, wo sie sein sollten."

Ich hörte Tracey aufmerksam zu, und an dem überzeugenden Klang in ihrer Stimme und dem Strahlen auf ihrem Gesicht erkannte ich, dass sie die Wahrheit sagte. Die Niedergeschlagenheit, die ich noch vor wenigen Augenblicken in meinem Herzen empfunden hatte, war auf einmal verschwunden. Mich erfüllte tiefe Ehrfurcht und am liebsten hätte ich Traceys Erfahrung der ganzen Welt erzählt.

„Das musst du den anderen erzählen", sagte ich.

Aber Tracey blieb bei ihrer Mahnung von vorher. „Bitte erzähl es niemandem – jedenfalls noch nicht. Ich will nicht, dass es um mich geht – es geht um Beth und Chris und ihre Familien."

Genau in diesem Augenblick platzte Mary herein. Sie war nie besonders zurückhaltend gewesen, stieß beinahe die Tür auf und erschreckte uns etwas, als sie im Türrahmen stand. Abrupt blieb sie stehen und sah Tracey an. Mit ihrer rauen Stimme sagte sie nur: „Du leuchtest. Was ist passiert?"

Ich schloss die Tür und bat Mary, sich zu setzen. Zu Tracey blickend sagte ich: „Ich werde es ihr erzählen!" Tracey verdrehte die Augen und fand sich damit ab, dass es jetzt unmöglich sein würde, ihr Geheimnis für sich zu behalten.

Nachdem ich Mary genau das Gleiche erzählt hatte, was Tracey mir berichtet hatte, nickte Mary zustimmend und meinte: „Nun, ich bin gekommen, um euch etwas zu erzählen." Sie hatte sich wenige Minuten zuvor mit Onkel Bill in der Empfangshalle des Hotels unterhalten. Er hatte ihr erzählt, dass eine Bekannte gegen Ende der Trauerfeier zu ihm gekommen war, auf Tracey gezeigt und ihn gefragt hatte: „Bill, wer ist die Frau dort drüben, neben dem Mann mit dem schwarzen Haar?"

Tracey und ich hatten einfach in der Menge gestanden, insofern konnte sie sich keinen Reim darauf machen, wie wir mit Bill oder den anderen verwandt waren. Bill erkannte Tracey natürlich sofort und erklärte seiner Bekannten: „Das ist meine Nichte, Tracey, mit ihrem Mann, Dann. Warum?"

„Sie ist mir schon in der Kirche aufgefallen, und ich habe sie beobachtet", erklärte sie. Dann fügte sie kopfschüttelnd hinzu: „Ich weiß nicht genau, was es ist, aber sie hat etwas ganz Besonderes an sich." Sie war nicht die Einzige, der Tracey aufgefallen war. Sie war nur eine von vielen, die Bill an diesem Tag nach Tracey fragten.

Übrigens: Vor Kurzem habe ich mich mit Chris' Mutter, Cathy Vandersnick, unterhalten. Sie erzählte mir, dass sie im Jahr 2000 unerwartet einen Brief von einem der Sanitäter erhalten hatte, der 1996 zu Chris' und Beths Unfall gerufen worden war. Ich darf ihn an dieser Stelle abdrucken:

Liebe Cathy, lieber Denny,

vielen Dank noch mal für Ihre wunderbare Weihnachtskarte. Es ist immer schön, von Menschen zu hören, die an unseren Rettungseinsätzen Anteil nehmen. Der Tod von Emilys Eltern hat uns sehr leidgetan. Von Zeit zu Zeit müssen wir leider auch mit solchen schrecklichen Ausgängen fertigwerden.

Es ist gut zu wissen, dass Sie trotz alledem die Bemühungen unseres Rettungsteams und was die Feuerwehr getan hat, schätzen. Dafür danken wir Ihnen. Ich denke auch, dass Emily Glück hat, dass Sie sich um sie kümmern.

Eine Sache wollte ich Ihnen schon immer sagen. In jener Nacht, als wir zur Unfallstelle kamen, war bereits jemand da und hielt

Emily im Arm. Es war eine junge Frau mit dunklem Haar und einer Brille. Ich dankte ihr für ihre Hilfe und sie blieb da, bis Emily in Sicherheit war. Ich glaube an Engel, und ich weiß, dass sie in jener Nacht ein Engel war. Niemand hat ihren Namen oder ihre Adresse notiert. Gott findet immer einen Weg.

Frohe Weihnachten,
Kevin

16

Das Brennen in mir

Von den vielen kleinen Schwelbränden, die es seit dem Unfall in meinem Leben gibt, fordert mich die Erschöpfung am meisten heraus. Manchmal lähmt sie mich so sehr, dass es fast schmerzt. An eine Begebenheit erinnere ich mich noch besonders: Da ich mich in meinem Beruf ständig weiterzubilden habe, war ich Teil einer Gruppe, die ein Chirurgen-Team für eine Woche nach Michigan begleitete. Ich war so erschöpft, dass ich nicht nur glaubte, jeden Augenblick ohnmächtig zu werden, sondern es mir geradezu wünschte. Wahrscheinlich hätte ich mich dann wenigstens in einem der Krankenhausbetten ausruhen können.

Als Auslöser für meine Erschöpfungszustände sehen die Ärzte meine chronische Nebenhöhlenentzündung, an der ich wegen der vielen Gesichtsfrakturen leide. Seit dem Unfall wurde ich viermal operiert, um Fehlstellungen zu korrigieren und die Nebenhöhlen zu reinigen, damit Flüssigkeit besser abläuft und ich besser atmen kann. Das hat zwar geholfen, nur leide ich noch immer an chronischer Nebenhöhlenentzündung, die häufig Kopfschmerzen, Infektionen und Erschöpfungszustände bedingt.

Außerdem habe ich eine posttraumatische Fibromyalgie (Faser- und Muskelschmerzen), was ebenfalls häufige Erschöpfungszustände verursachen kann. Und selbstverständlich sind chronische Schmerzen als solches auch ermüdend. Wie viel uns die Schmerzen geistig und körperlich eigentlich abverlangen, ist schwer zu sagen, da Tracey und ich schon so lange mit Schmerzen leben. Wir wissen gar nicht mehr, wie es ist, schmerzfrei zu leben. Von daher sind wir den täglichen Kampf gewohnt.

Angesichts dieser Strapazen achtete ich auch besonders darauf, dass meine frühere Hepatitis-C-Erkrankung mich nicht wieder einholte. Heute kennt man die Langzeitfolgen von Hepatitis C besser als 1989. Dazu gehört auch die Möglichkeit, dass die Krankheit jahrelang schlummern kann, ehe sie akut ausbricht und zu einer chronischen Infektion führt, die zu Krebs oder Leberversagen und damit zum Tod führen kann.

Ungeachtet der Tatsache, dass der Unfall schon fast ein Jahrzehnt zurücklag, schwelte also eine Gefahr unerkannt in mir weiter. Sie konnte jederzeit auf ein Pulverfass treffen, das tief in meinem Körper verborgen war. Würde es explodieren, konnte es unser Leben zerstören.

Einmal im Jahr ließ ich meine Leberwerte überprüfen. Waren sie drastisch gestiegen, wies das darauf hin, dass das Virus wieder aktiv war. 1997 kam ein neues Testverfahren für Hepatitis C heraus, ein Ribonukleinsäure-Test, der die genetische Signatur des Virus im Blut des Patienten sichtbar machen konnte. Sobald der Test erhältlich war, wurde er an mir durchgeführt. Das Ergebnis war positiv – damit war bestätigt, dass ich chronische Hepatitis C hatte. Eines ihrer Kennzeichen ist Erschöpfung. Mit chronischer Nebenhöhlenentzündung, Fibromyalgie und jetzt auch noch Hepatitis C war es keine Frage, woher meine Erschöpfung rührte. Ich fragte mich vielmehr, wie ich es eigentlich schaffte, überhaupt wach zu bleiben.

In den folgenden zwei Monaten wurden zwei Leberbiopsien und andere Untersuchungen durchgeführt, und ich machte mir große Sorgen, ob ich das Virus vielleicht auf Tracey oder die Mädchen übertragen hatte. Weitere Untersuchungen zeigten schließlich, dass sie das Virus nicht hatten. Trotzdem blieb ich vorsichtig. Wir wünschten uns noch weitere Kinder, und obwohl ich das Virus bisher nicht übertragen hatte, wollten wir das Risiko lieber nicht eingehen. Zu akzeptieren, dass unsere Chance, weitere Kinder zu bekommen, wohl vorüber war, fiel uns schwer.

Von einem Hämatologen an der medizinischen Fakultät von Wisconsin erfuhren wir, dass chronische Hepatitis C eine heimtückische Krankheit ist. Sie führt häufiger zu Leberzirrhose als Alkoholismus, kann Leberkrebs auslösen, ist eine häufige Ursache für Behinderungen und der häufigste Grund für Lebertransplantationen. Wird die Krankheit nicht erfolgreich behandelt, kann sie tödlich verlaufen. Meine beste Chance, langfristig gesehen gesund zu werden und überhaupt zu überleben, bestand in einer einjährigen antiviralen Behandlung – mit einer Aussicht auf Erfolg von gerade mal 50 Prozent. Ähnlich wie bei manchen Chemotherapien umfassten die Nebenwirkungen eine lange Liste: Übelkeit, Haarausfall, Anämie, psychische Nebenwirkungen, Juckreiz, Müdigkeit, Fieber, Schüttelfrost, um nur einige zu nennen. Wir entschieden uns trotzdem dafür, die Behandlung anzugehen.

Ich begann im April 1999 mit der ersten Dosis – und übergab mich schon drei Stunden später. Im Laufe des Jahres spritzte ich mir selbst drei Mal in der Woche den Immunverstärker Interferon und schluckte zwei Mal am Tag Ribavirin-Kapseln. Es sollte erst der Beginn eines schweren Kampfes sein, in dessen Verlauf ich in bisher ungeahnte Tiefen stürzte.

Nach dem recht bedenklichen Start mit meiner ersten Dosis stellte ich allerdings in den darauffolgenden Tagen und Wochen außer einer unregelmäßig auftretenden Übelkeit keine anderen Nebenwirkungen fest. Nur schien jede Injektion am nächsten Tag eine Art Mini-Grippe auszulösen. Ich fühlte mich allgemein matt, hatte Gliederschmerzen und erhöhte Temperatur, aber es ging mir nie so schlecht, dass ich nicht arbeiten konnte. Da ich mich ohnehin die meiste Zeit so fühlte, war es schwer zu sagen, ob es nun die Nebenwirkungen der Behandlung waren oder ob es wieder einmal andere Gesundheitsprobleme waren.

Die Nebenwirkungen des Ribavirin waren kaum spürbar. Sie verstärkten wahrscheinlich nur etwas die Müdigkeit, die durch das Interferon hervorgerufen wurde, und zügelten meinen Appetit. Ich merkte, dass ich den Freitag und Samstag ohne allzu große Probleme genießen konnte, wenn ich mir das Interferon montags, mittwochs und samstags abends spritzte, da die Nebenwirkungen am darauffolgenden Tag immer am stärksten waren.

Im Sommer war meine Appetitlosigkeit so enorm, dass ich fast gar keinen Hunger mehr verspürte und nur noch aß, weil es Essenszeit war. Meine Portionen hielt ich klein, da ich mich sofort voll fühlte.

Als das Wetter besser wurde und wir mehr draußen waren, stellte ich fest, dass meine Kraft drastisch nachgelassen hatte. Konnte ich früher meine Müdigkeit überwinden und samstagnachmittags den Rasen mähen, andere Gartenarbeiten verrichten und Dinge ums Haus herum reparieren, hatte ich jetzt überhaupt keine Kraft mehr, gegen sie anzukämpfen. Auch schlief ich morgens länger als sonst. Früher bin ich früh aufgestanden und Fahrrad fahren gegangen oder habe mir eine Tasse Kaffee gemacht, bis Tracey und die Mädchen aufgewacht sind. Jetzt schlief ich bis nach acht Uhr und mied den Kaffee, weil er meinem Magen nicht zu bekommen schien – und eigentlich liebe ich Kaffee.

Jeder Tag fühlte sich an, als würde ich eine anstrengende Bergtour machen. Aber die regelmäßigen Kontrolluntersuchungen zeigten, dass ich auf die Behandlung ansprach, was mir als Motivation genügte, um weiterzumachen.

Gegen Ende des Sommers verlangte die Behandlung mir mehr und mehr ab. Obwohl ich weiter arbeiten ging, gab es

Tage, an denen ich mich so erschöpft und ausgelaugt fühlte, dass es fast schon übermenschliche Kräfte brauchte, um überhaupt aus dem Haus zu gehen.

Im darauffolgenden Februar hatte ich dann fast keine Kraftreserven mehr. Alles, was ich tat, war unglaublich anstrengend. Schon aufzustehen und mich fertig zu machen, war eine ungeheure Anstrengung. Manchmal schlief ich am Tag nach der Interferonspritze bis drei Uhr nachmittags, weil ich zu erschöpft war, um aufzustehen.

Etwa um diese Zeit wurden auch die geistigen und psychischen Nebenwirkungen problematischer. Die Behandlung war ein so langsamer und zermürbender Prozess, dass diese Art der Nebenwirkung zunächst unbemerkt blieb, zumal sie erst Zeit brauchte, um sich aufzubauen. Mich noch zu konzentrieren, war kaum mehr möglich, manchmal war ich leicht verwirrt, und zeitweise litt ich sogar unter starken Depressionen und Angstzuständen, was mich in ein emotionales Chaos stürzte.

Rückblickend ist es leicht zu schildern, wie sehr ich abgebaut hatte, aber als ich mitten in dieser körperlichen und emotionalen Phase steckte, war es schwer festzustellen, an welchem Punkt – körperlich oder geistig – es mir schlechter ging. Zwischen Erschöpfung und Depression erkannte ich keinen Unterschied. Ich kann mich noch lebhaft daran erinnern, wie ich ohne jeglichen ersichtlichen Grund plötzlich von Panikattacken heimgesucht wurde und mich ins Schlafzimmer oder mein Büro zurückzog und inständig um Hilfe betete.

Heute sind die psychischen und geistigen Nebenwirkungen dieser Behandlung bestens untersucht, aber 1999 hatte man gerade erst damit angefangen, sie zu verstehen. Insofern nannte man das Phänomen der Depressionen, Reizbarkeit und Angstzustände, die bei einer kombinierten Behandlung von Ribavirin und Interferon auftreten, später „Riba-Schub".

In diesen Zeiten hatte ich das Gefühl, jeden Bezug zur Realität verloren zu haben, und konnte nur noch versuchen, meinen alltäglichen Aktivitäten so ruhig und bedächtig wie möglich nachzugehen.

Irgendwann war Tracey so besorgt, dass sie von mir verlangte, mich noch einmal von meinem Arzt untersuchen zu lassen. Der entschied, dass ich lange genug durchgehalten hatte. Es waren nur noch wenige Wochen, bis ich den vollen 48-Wochen dauernden Behandlungszyklus abgeschlossen hätte. Ich hatte voll und ganz auf die Behandlung angesprochen, und sie weiterzuführen, wäre fast schon Folter gewesen. Endlich war ich fertig damit!

Nach dem Ende der Behandlung kehrten langsam mein Appetit, meine Energie und meine Ausdauer zurück und der Nebel verzog sich aus meinen Gedanken. Dennoch habe ich unterschwellig das Gefühl, nach dieser einjährigen Behandlung gegen Hepatitis C meine geistigen Fähigkeiten nie völlig wiedererlangt zu haben. Mein ganzes Leben lang hatte ich bereits Konzentrationsschwierigkeiten und ADHS gehabt, allerdings nur in geringem Maße, womit ich leicht umgehen konnte. Nun aber, seit der einjährigen Therapie, irritieren mich diese Probleme mehr denn je. Sie halten mich zwar nicht vom Arbeiten ab, aber es gibt Zeiten, in denen es sich anfühlt, als ob mein Gehirn von einem Wirbelsturm heimgesucht wird, bei dem mir ständig irgendwelche Gedanken durch den Kopf schießen und der mich stundenlang lahmlegt.

Trotzdem: Letzten Endes führte die Behandlung zum Erfolg – zu einer vollständigen Heilung. Ich habe keine Hepatitis C mehr, und es ist eine große Erleichterung zu wissen, dass ich nicht mehr mit der Zeitbombe eines Leberversagens oder dem Risiko, Krebs zu bekommen leben muss. Dieser Schwelbrand ist gelöscht und dafür bin ich dankbar.

17

Gottes Sonderlieferung

Das Entmutigende an meiner Hepatitis-C-Behandlung war: Sie bedeutete voraussichtlich das Ende jeglicher Bemühungen, ein weiteres Kind zu bekommen. Die Nebenwirkungen der Medikamente waren viel zu riskant. Außerdem waren Tracey und ich 37, Meghan war elf und Rebekah sechs Jahre alt. Bis die Behandlung abgeschlossen war und alle Nebenwirkungen abgeklungen waren, würden noch mindestens zwei Jahre vergehen, ehe wir überhaupt daran denken konnten, noch ein Kind zu bekommen.

Zwei Fehlgeburten nach Rebekahs Geburt hatten uns bitter enttäuscht, und wir hatten so viele Fruchtbarkeitstests und -behandlungen durchgemacht, wie wir ertragen konnten. Es sollte einfach nicht sein. Wir waren sehr glücklich mit unseren beiden Töchtern, nur je mehr Zeit verging, desto ratloser wurde ich, warum Gott unser inständiges Gebet um ein weiteres Kind nicht erhörte.

In meiner Beziehung zu Gott hatte ich das Gefühl, er hatte mir alles, worum ich ihn jemals treu gebeten hatte, auch gewährt. Und nun hatte ich Gott regelrecht angefleht, uns ein drittes Kind zu schenken – Tracey gleichsam „nur noch einmal" schwanger werden zu lassen, aber er schien mich zu ignorieren. Das dachte ich jedenfalls und wir hatten uns mit unserer vierköpfigen Familie abgefunden.

Tracey hatte mich zwar schon einmal gedrängt, über eine Adoption nachzudenken, aber der Prozess war so langwierig, teuer und voller versteckter Hindernisse, dass ich mir, auch nachdem ich darüber gebetet hatte, nicht vorstellen konnte, dass es ein Weg für uns war.

Mitte März, im Jahr 2000, genau in der Woche, in der meine Behandlung zu Ende ging, lag ich eines Abends auf dem Sofa, als das Telefon klingelte. Tracey nahm ab. Es war ihre Schwester, die damals als Krankenschwester im örtlichen Krankenhaus arbeitete.

„Ich arbeite mit einer Frau zusammen, deren Schwägerin Teenagerin und schwanger ist. Das Kind soll im kommenden Juli kommen", sagte Leslie-Ann. „Sie will, dass ihr Kind von Christen adoptiert wird." Leslie-Ann wusste, dass Tracey über eine Adoption nachdachte und nannte den Grund für ihren Anruf. „Da habe ich sofort an euch gedacht. Wärt ihr interessiert?"

Traceys Herz machte einen Satz, aber sie versuchte, ihre Begeisterung zu zügeln, und sagte: „Ich weiß nicht, ich muss mit Dann darüber reden."

Nachdem sie aufgelegt hatte, erzählte mir Tracey, warum Leslie-Ann angerufen hatte. Wir sprachen miteinander darüber und wurden mit einem Mal beide ganz still. Es war, als würde sich ein Schleier von unseren Augen heben – genauer gesagt, von meinen. Wir schauten uns eindringlich an, und ich glaube, in diesem Moment berührte Gott unsere Herzen.

„Dann, was ist, wenn das Gottes Plan für uns ist?", fragte Tracey. „Ist das nicht wieder so ein Zufall, der einfach ein bisschen *zu zufällig* ist? Wir haben darüber gebetet, deine Behandlung ist abgeschlossen und da kommt dieser Anruf aus heiterem Himmel. Ich glaube wirklich, dass es das Richtige für uns ist, dass es Gottes Plan ist", ergänzte sie. Und ich spürte, wie die Mauer, die ich gegen eine Adoption errichtet hatte, anfing einzustürzen.

Hastig rief Tracey Leslie-Ann an und fragte sie nach näheren Einzelheiten. Die Schwägerin ihrer Kollegin hatte ganz bestimmte Anforderungen an das Ehepaar, das ihr Kind adoptieren wollte: Es mussten Christen sein – sie wollte sie vorher kennenlernen und prüfen, ob sie ihr zusagten. Sie mussten noch andere Kinder haben, damit ihr Kind Geschwister hatte, und sie mussten finanziell abgesichert sein. Dieser „Zufall" war in der Tat zu zufällig, um ihn zu ignorieren. Wir wurden immer aufgeregter, während wir über diese Gelegenheit sprachen. Ich glaube, in diesem Moment begriffen Tracey und ich, dass wir ein letztes Mal werdende Eltern sein könnten.

Die nächsten Wochen waren ein einziges Durcheinander. Zunächst telefonierten wir mit dem Mädchen. Ihr Name war Anna und wir beantworteten uns gegenseitig unsere Fragen. So lernten wir uns näher kennen und konnten eventuelle Anzeichen des Zweifels oder der Unaufrichtigkeit erforschen. Als Nächstes lernten wir Anna sowie den biologischen Vater des Kindes persönlich kennen. Was uns betraf, mussten wir abschätzen, ob Anna diesen schwierigen emotionalen Prozess bis zum Ende durchstehen würde. War sie emotional stabil und reif genug, um damit umzugehen? Wir wollten nicht unsere ganze Hoffnung und Liebe in ein leeres Versprechen investieren, und wir wollten auch bei Meghan und Rebekah keine Hoffnung und Vorfreude wecken, nur um sie nachher enttäuschen zu müssen.

Unsere Gespräche mit Anna verliefen weitaus besser, als wir je erwartet hatten. Wir verstanden uns nicht nur sehr gut, sondern bewunderten und mochten uns sogar gegenseitig sehr. Anna gab uns zu verstehen, dass ihr nichts ferner lag, als, ganz distanziert, einfach nur ihr Baby wegzugeben. Sie sah vielmehr darin einen Akt der Liebe. Da sie wusste, dass sie zu jung war, um ihrem Kind die bestmögliche Zukunft zu bieten, suchte sie stattdessen eine glückliche, liebevolle und heile Familie für ihr Baby.

Es zeichnete sich ab, dass die Adoption stattfinden würde, und da es nur noch vier Monate bis zur Geburt waren, verstrich die Zeit viel zu schnell. Wir hatten uns einen Anwalt zu nehmen und eine Vermittlungsorganisation einzuschalten, die den ganzen Ablauf überwachte. Es gab Vorstellungsgespräche, Bewertungen, eine Krankenversicherung musste abgeschlossen werden und andere Vorkehrungen und Vorbereitungen waren zu treffen.

Für ein Paar gibt es keine Kriterien zu erfüllen, um schwanger zu werden und ein Kind zu bekommen, aber bei einer Adoption, die ein strenges Verfahren ist, entscheiden letztlich völlig fremde Menschen und ein „System" darüber, ob man „geeignet" ist, Eltern eines Kindes zu werden. Hunderte von Gesetzen und Vorschriften sind zu beachten. Zuweilen ist es sogar demütigend, wenn jeder Bereich des eigenen Lebens haarscharf unter die Lupe genommen wird.

Jede Absprache mit Anna war so positiv, dass wir mit der Zeit Zuneigung für sie empfanden, eine als sei sie unsere eigene Tochter. Sie war erstaunlich reif und vernünftig. Obwohl sie wusste, dass das Adoptionsverfahren, die Geburt und schließlich die Aufgabe ihrer Rechte extrem schwierig werden würden, war sie fest entschlossen, ihrem Kind die bestmögliche Zukunft zu bieten. Dieser selbstlose Akt der Liebe – ihrem ungeborenen Kind und uns gegenüber – war ein ungeheuer großes Geschenk, und wir stehen für immer in Annas Schuld und sind ihr ewig dankbar.

*

Wie Gott handelt, ist schon erstaunlich. Genauso erstaunlich ist es aber, wie blind wir Menschen auch für seine Pläne sein können. Der Segen, ein Kind zu bekommen, zeigte uns, dass all die Jahre, die wir damit verbracht hatten, über Gottes scheinbare Gleichgültigkeit zu trauern, verschwendet waren. Sein Plan überstieg sogar bei Weitem unsere Vorstellungskraft und er war perfekt: Meine Hepatitis C war geheilt, ich hatte ein schwieriges Behandlungsjahr hinter mich gebracht, Gott wusste, dass Anna eine gute, christliche Familie für ihr Kind brauchen würde, und er wusste, dass dieses Kind die perfekte Ergänzung für unsere Familie sein würde. Außerdem dauert es oft Jahre, bis eine Adoption zustande kommt – bei uns passierte das innerhalb weniger Wochen. Dass dieses Baby in unser Leben kam, empfanden wir daher genauso als ein Wunder wie die Geburt von Meghan oder Rebekah. Und es war ein genauso großer Segen wie die anderen Wunder, die Gott in unserem Leben vollbracht hatte. Was für ein wunderbares Beispiel dafür, wie Gott aus ungeheuren Problemen, Enttäuschungen und sogar einer Katastrophe Segen und Freude erwachsen lassen kann.

Bald darauf war alles vorbereitet. Wir schwitzten in der Sommerhitze vor uns hin, während wir auf das jüngste Mitglied unserer Familie warteten. Unsere zunehmende Vorfreude ließ sich kaum noch zügeln. Meghan und Rebekah waren ganz aus dem Häuschen, als sie Tracey halfen, das Kinderzimmer einzurichten. Es war alles drin: Windeln, Fläschchen, winzige Babykleidung, Babydecken und alles, was Neugeborene sonst noch so brauchen.

Annas Entbindungstermin kam und verstrich. Damit wurde unsere Vorfreude beinahe genauso unerträglich wie die Sommerhitze. Schließlich beschloss der Arzt, die Geburt am 23. Juli 2000 einzuleiten – zwei Wochen nach dem eigentlichen Geburtstermin. Tracey und ich besuchten Anna am frühen Morgen im Krankenhaus und warteten anschließend ungeduldig auf Neuigkeiten von der bevorstehenden Geburt. Einige Tage zuvor hatte uns Anna noch ein Geschenk gemacht, für das wir sie niemals entschädigen können: Sie bat uns, bei der Geburt unseres Kindes dabei zu sein. Diese demütige Haltung war mehr, als wir je erwartet hätten. Wir durften uns darauf freuen, unser frisch geborenes Kind direkt in unsere wartenden Arme zu schließen. Dabei sein zu dürfen, wenn unser Kind den ersten Atemzug machte, war ein unglaubliches Vorrecht.

Der Tag begann hoffnungsvoll und freudig. Dass wir das Geschlecht des Kindes nicht kannten, steigerte unsere Vorfreude nur noch. Und als aus dem Morgen Nachmittag wurde, wuchs unsere Aufregung ins beinahe Unerträgliche.

Dieser Tag verlangte Anna und dem Kind einiges ab, denn auch am Abend gab es noch keine Neuigkeiten. Unsere Aufregung verwandelte sich in Sorge – zumal Annas Schwangerschaft als Risikoschwangerschaft eingestuft worden war, da sie mit Streptokokken der Gruppe B infiziert war, was häufig zu Blutinfektionen, Hirnhautentzündung und Lungenentzündung bei Neugeborenen führen kann und eine häufige Ursache für Kindersterblichkeit ist. Aber uns wurde versichert, dass Mutter und Kind in guten Händen waren, da Anna vorab mit Antibiotika behandelt worden war, ihr Zustand und der des Kindes ständig über Monitor überwacht wurde und die St.-Marys-Klinik eine ausgezeichnete Neugeborenen-Station mit hervorragendem Ruf besaß.

Gegen sechs Uhr abends hatte sich der Muttermund schließlich ganz geöffnet und die Presswehen setzten ein. Das jetzt mitzuerleben, war ganz anders als bei unseren ersten beiden Kindern. Damals sah ich zu und wartete, während Tracey im Bett lag, und ich versuchte, sie so gut wie möglich zu trösten und zu unterstützen. Obwohl Anna ihre beste Freundin mit im Kreißsaal hatte, um diese Aufgabe zu übernehmen, fühlte ich mich väterlich geradezu hingezogen und hätte gerne eine aktivere Rolle gespielt. Aber das Beste, was ich für sie tun konnte, war, zu hoffen und zu beten, dass alles gut ging.

Ich beobachtete auch Tracey, die bei den anderen Geburten unserer Kinder die Gebärende gewesen war. Jetzt verstand sie die Hilflosigkeit der Väter, die zusehen müssen, wie sich ihre Frauen bei einer langen, schmerzhaften Geburt abmühen. Anna, Tracey wie auch die medizinischen Mitarbeiter, die plötzlich überall zu sein schienen, behielt ich die ganze Zeit im Auge.

Je erschöpfter Anna von den ständigen Wehen und dem Pressen wurde, umso nervöser wurden die Schwestern und der Arzt. Mir fiel auch auf, dass der Monitor des Kindes zeigte, dass sein Herzschlag bei jeder Wehe rapide langsamer wurde. Schließlich war der Kopf zu sehen, aber der Monitor brummte und zeigte an, dass das Kind in Gefahr war. Die Nabelschnur hatte sich mehrfach um seinen Hals gelegt und es steckte im Geburtskanal fest. Alarmtöne piepsten inmitten einer langen und ernsten Stille, in der die Zeit stillzustehen schien, ehe der Arzt die Nabelschnur lösen konnte. Endlich war unsere Tochter zur Welt gekommen: Emma!

Vor Freude wurde ich laut und sprang empor, doch als ich mich wieder beruhigte, verließ mich aller Mut. Emma war ganz schlaff, kreidebleich und schrie nicht. Sie rührte sich nicht. Es schien eine Totgeburt zu sein.

Tracey und ich waren geschockt. Sofort schnappten die Schwestern Emma und brachten sie in eine Ecke des Raumes. Sie machten ihre Atemwege frei und kümmerten sich fieberhaft um sie. Sie schoben ihr lange Schläuche in den Hals, riefen sie beim Namen und setzten dann den Beatmungsbeutel an. Da sie immer noch nicht atmete, nahm eine der Schwestern sie und rannte mit ihr den Gang hinunter zur Intensivstation für Neugeborene.

Tracey und ich folgten den Schwestern und schauten durch die Glastür. Als wir sahen, wie drei Schwestern und ein Arzt sich intensiv um Emma kümmerten, wurde uns plötzlich bewusst, dass wir sie vielleicht verlieren würden, bevor wir sie je im Arm gehalten hatten. Die Vorstellung nahm uns jegliche

Luft zum Atmen. Wir hatten Emma schon so viel Liebe geschenkt – der Gedanke, dass wir sie sterben sehen würden, war kaum zu ertragen.

Tracey und ich starrten uns fassungslos und ungläubig an. Wir hatten Tränen in den Augen und unsere Knie wurden weich. Wir mussten uns gegen die Wand lehnen, hielten uns an den Händen und sanken langsam zu Boden.

Mir kamen plötzlich die Worte eines alten Kirchenliedes, das ich vor Jahren einmal in einem Buch von Norman Vincent Peale gelesen hatte, in den Sinn. Es lautete in etwa so: „Bis hierher hat deine Macht mich bewahrt, sie wird mich auch weiter führen."

Ich sah tief in Traceys feuchte Augen und sagte zu ihr: „Tracey, Gott hat uns nicht so weit gebracht, um uns jetzt im Stich zu lassen. Es wird alles gut werden." Ich wusste einfach, dass er dieses Feuer nicht in unseren Herzen angezündet hatte, um jetzt zuzulassen, dass es ausgelöscht wurde. Es war dieser Augenblick des Glaubens, den wir beide brauchten, um wieder neue Entschlossenheit zu finden und unser Vertrauen ganz neu in Gott zu setzen. Er würde Emma dem Tod entreißen und sie uns direkt in die Arme legen. Wie Traceys Engel vor Jahren zu ihr gesagt hatte, würde „alles gut" werden. Wir klammerten uns aneinander und beteten verzweifelter, als wir je in unserem Leben gebetet hatten.

Danach standen wir auf und richteten unsere Aufmerksamkeit wieder auf die hektische Aktivität auf der Intensivstation. Emma bestand nur noch aus einem Gewirr von Schläuchen und Infusionsnadeln, und der Arzt und die Schwestern setzten ihre hastigen, aber entschlossenen Bemühungen fort, während sie über ihren winzigen Körper gebeugt standen. Es schien schon eine Ewigkeit her zu sein, seitdem sie auf die Welt gekommen war – dabei waren nur etwa sieben oder acht Minuten vergangen. Und dann sahen wir etwas unglaublich

Wunderbares: Emma bewegte ihren Arm! Und anschließend strampelten ihre Beine. Als Nächstes hörten wir ein unterdrücktes Weinen – und wir weinten mit ihr.

Ein paar Minuten später trat eine Schwester heraus, um uns zu berichten, was passiert war. Sie konnten sich nicht erklären, weshalb Emma solche Probleme gehabt hatte, aber nachdem sie ihr eine Infusion gelegt und ihr Medikamente und Flüssigkeit verabreicht hatten, atmete sie endlich zum ersten Mal. Vorerst sollte ein Beatmungsgerät ihre Atmung unterstützen, bis sie kräftig genug war, damit sie selbst zuverlässig atmen konnte.

Zunächst hatten sie befürchtet, dass eine Infektion mit Streptokokken der Gruppe B die Ursache für die Probleme gewesen sein könnte. Was auch immer der Grund gewesen war, das Einzige, was für uns zählte war, dass sie jetzt lebte. Wir setzten unsere Hoffnung und unser Vertrauen in Gott. Wir verspürten einen starken Frieden und Trost und wussten, dass es Emma gut gehen würde.

In der ersten und der fünften Minute nach der Geburt lag Emmas Apga-Index, mit dem der klinische Zustand von Neugeborenen ermittelt wird, bei 0 beziehungsweise 1. Das bedeutet, dass Emma keinen messbaren Puls hatte, als sie auf die Welt kam, nicht atmete, blass war, keinen Muskeltonus hatte und keine Reflexe oder Reaktionen auf Stimulationen zeigte. Sie war im Grunde leblos. Dass sie überlebte, zeugt von der guten Arbeit der Ärzte, Schwestern und der Technik, und vor allem Gottes Antwort auf unsere Gebete.

Schließlich durften wir die Neugeborenen-Intensivstation betreten, um Emma in den Arm zu nehmen. Es war beruhigend, sie endlich aus der Nähe zu sehen, ihr in die Augen zu schauen, sie atmen zu sehen, wenn auch unterstützt von einem Beatmungsgerät, sie zu berühren und mit ihr zu sprechen. Wir beteten für sie, und eine der Intensivschwestern, die geholfen hatte, Emma wiederzubeleben, kam zu uns herüber und fragte, ob wir Christen seien.

Als wir das bestätigten, erzählte sie uns, dass sie in ihrer Gemeinde Diakonin sei, und fragte, ob sie mit uns beten dürfe. Das bedeutete uns sehr viel und bestärkte unseren Frieden, den wir darüber verspürten, dass alles gut werden würde.

Leider teilten nicht alle vom medizinischen Personal unseren Optimismus. Das Erste, was uns der Arzt sagte, nachdem er Emma stabilisiert hatte, war, dass er nicht sagen konnte, welche Schäden Emma eventuell davongetragen hatte. Niemand wusste genau, wie lange sie keinen Sauerstoff bekommen hatte. Er meinte, es könne Tage und Wochen, ja sogar Monate oder Jahre dauern, bis man das volle Ausmaß der Schäden erkennen könne.

Angesichts des Adoptionsverfahrens und seiner Rechtsvorschriften waren die Krankenhausmitarbeiter sich jetzt wohl nicht ganz sicher, wie sie verfahren sollten. Es mag unvorstellbar klingen, aber tatsächlich haben die Sozialarbeiter und andere Krankenhausmitarbeiter uns gesagt, dass wir nicht gezwungen seien, die Adoption durchzuführen. Schließlich war es sehr wahrscheinlich, dass Emma Gehirnschäden davongetragen hatte und sie vielleicht behindert sein würde.

Für uns machte das keinen Unterschied. Sich vorzustellen, Emma nicht mit nach Hause zu nehmen, war undenkbar für uns. Sie war unsere Tochter, und wir würden sie lieben und annehmen, ganz gleich, in welcher Verfassung sie war oder sein würde. Wenn Meghan oder Rebekah behindert zur Welt gekommen wären, hätten wir sie niemals im Krankenhaus gelassen, deshalb gab es für uns keinen Zweifel darüber, wie wir verfahren würden. Wir liebten jede Einzelne unserer drei Töchter, lange bevor sie geboren wurden, und haben jede mit der gleichen Zärtlichkeit, der gleichen Hingabe und dem gleichen Staunen willkommen geheißen. Wir liebten Emma und hatten sie schon in dem Moment angenommen, als im März unser Telefon geklingelt hatte. Sie jetzt einfach so zurückzulassen, war ein abscheulicher Gedanke. Gott hatte sie uns geschickt, und wir nahmen dieses unglaubliche Geschenk eines weiteren Lebens, das unsere Familie erweitern sollte, mit Freuden an.

Tracey und ich verbrachten die nächsten zehn Tage und Nächte bei Emma im Krankenhaus. Mitansehen zu müssen, wie sie eine Untersuchung nach der anderen über sich ergehen ließ, tat uns weh.

Die Tage vergingen und Emma bestand jeden wichtigen Test und nahm jede Hürde. Schon bald durften ihre Schwestern und ihre Großeltern zu ihr, und dann kamen auch andere Angehörige und Freunde, um sie in unserer Familie willkommen zu heißen. Wir fühlten uns besonders geehrt, als Besucher von weit her kamen: Dennis und Cathy Vandersnick. Ihr Trost und ihre Unterstützung in dieser herausfordernden Zeit schien den Kreis zu schließen, der damals, vor so vielen Jahren, in jenen finsteren Tagen in Nebraska angefangen hatte, als wir sie nach dem Tod von Chris und Beth kennengelernt hatten. Als sie Emma auf der Neugeborenen-Intensivstation besuchten, stellten wir sie dem Pflegepersonal als Emmas Großeltern vor – eine Ehrenbezeichnung.

Emmas Zustand verbesserte sich stetig. Nach zehn Tagen wurde sie entlassen. Einen Monat lang brauchte sie noch einen Apnoe-Monitor, der ihre Atmung überwachte, und innerhalb der ersten fünf Lebensjahre musste sie regelmäßig neurologisch untersucht werden. Obwohl wir uns mit diesen Maßnahmen einverstanden erklärten, erwartete keiner von uns, dass Emma irgendwelche bleibenden Schäden von ihrer schwierigen Geburt davontragen würde. Gott hatte das erste Wunder vollbracht, indem er uns Emma geschenkt hatte, und das nächste, als er sie nach ihrer beinahe tragischen Geburt gerettet hatte. Wunder macht Gott einfach nicht „rückgängig".

Als wir Emma nach Hause brachten, wurde daraus ein unglaubliches Fest der Liebe und Annahme. Aus unserer vierköpfigen Familie war eine fünfköpfige geworden, und wir waren zutiefst zufrieden, so als ob das fehlende Puzzleteil, nach dem wir so lange gesucht hatten, jetzt endlich am richtigen Fleck lag und unsere Familie vollständig war. Wir gewöhnten uns schnell an das tägliche Flaschegeben, Windelnwechseln, Schlafenlegen und all die anderen Bedürfnisse eines Neugeborenen. Meghan und Rebekah waren äußerst hilfsbereit und begeistert von ihrer Rolle als große Schwestern, und wir stellten bald fest, dass in einer fünfköpfigen Familie etwa fünf Mal so viel los ist wie in einer vierköpfigen!

Emma wuchs und nahm jede Hürde und wir machten uns kaum noch Sorgen um ihre Entwicklung. Unsere einzige Sorge war, dass ihre Stirn etwas asymmetrisch zu wachsen schien. Die rechte Seite sah aus, als habe sie sich den Kopf heftig angeschlagen und eine Beule bekommen, die nicht wegging. Wir ignorierten es und taten es einige Monate lang ab.

Im Juni 2001 passte dann meine Mutter auf die Kinder auf, während ich zur Arbeit ging und Tracey ihre Schwester in Florida besuchte. Als ich abends nach Hause kam, nahm mich meine Mutter beiseite und erklärte mir mit besorgter Miene: „Ich will dir keine Angst machen, aber ich habe eine große Veränderung an der Beule an Emmas Stirn bemerkt. Sie ist viel größer geworden."

Mir war klar, dass wir das Problem ignoriert und irgendwie gehofft hatten, dass sich das von ganz alleine geben würde. „Meinst du wirklich, sie ist so viel größer geworden?"

„Auf jeden Fall. Sie ist sichtbar größer. Habt ihr mal einen Arzt gefragt?"

„Wir haben ihn darauf hingewiesen, aber er sagte nur, dass sie wahrscheinlich beim Schlafen falsch liege und dass sich das schon wieder geben würde."

„Na ja", meinte meine Mutter, „es wird nicht besser, es wird schlimmer."

Ich wusste, meine Mutter hatte recht. Da meine Eltern Emma nur hin und wieder sahen, fielen ihnen Veränderungen eher auf. Die hervorstehende Stelle war mir vorher nie so sehr aufgefallen. Sie war jetzt mindestens halb so groß wie ein Golfball, auf der rechten Seite ihrer Stirn. Ich rief sofort unseren Hausarzt an und ließ mir einen Termin für den nächsten Tag geben.

Den Rest der Nacht ließen mich Sorgen wach liegen. Ich konnte es kaum erwarten, zum Arzt zu gehen. Am nächsten Tag kamen wir in das Untersuchungszimmer, und ich erklärte ihm, warum ich mir Sorgen machte. Der Arzt hatte Emma schon eine Weile nicht mehr gesehen, und ich sah, dass er besorgt wirkte. Er vermaß die Stelle und stellte fest, dass der Unterschied deutlich genug war, um zu vermuten, dass sie vielleicht Kraniosynostose hatte – eine Erkrankung bei der die Schädelnähte vorzeitig verknöchern und die ein Hinweis auf eine vorliegende Entwicklungsstörung sein kann. Er überwies uns an einen Kinder-Neurochirurg, um eine genaue Diagnose zu erstellen.

Ich war außer mir vor Sorge. Bei Emmas Krankengeschichte konnte das ein Anzeichen dafür sein, dass sie doch bei der Geburt Hirnschädigungen davongetragen hatte. Abgesehen von einer ganzen Reihe ernsthafter gesundheitlicher Probleme schien mir der Eingriff, um die Schädeldeformierung zu korrigieren, einfach zu grausig, um ihn in Erwägung zu ziehen. Der Chirurg würde ihre Schädeldecke vorsichtig abnehmen, zurechtschneiden und sie dann wie ein Puzzleteil wieder einsetzen müssen.

Da Tracey und ich wussten, wie schmerzhaft und traumatisch Operationen sein konnten, schwang bei uns immer die Angst mit, dass eines unserer Kinder so etwas durchmachen musste. Die Vorstellung, dass Emma solch einen furchtbaren Eingriff durchmachen sollte, war fast mehr, als ich ertragen konnte. Ich konnte Tracey nicht in Florida anrufen, um ihr das zu sagen, weil ich nicht wollte, dass sie sich Sorgen machte, während sie weg war. Sie würde in zwei Tagen ohnehin nach Hause kommen, also wartete ich einfach mit Emma, hielt sie dicht an mich gedrückt und betete, dass Gott sie heilen möge.

Man sagt oft, dass nichts so stark ist wie das Band zwischen einer Mutter und ihrem Kind. Aber es gibt auch keine Liebe, die so mächtig ist wie die eines Vaters zu seinem Kind. Am Abend bevor Tracey zurückkommen sollte, lag Emma schlafend in ihrem Bettchen. Ich ging noch einmal in ihr Zimmer, um nach ihr zu sehen. Sie lag friedlich auf dem Rücken, und ich starrte sie nur an und versuchte, dieses sich anbahnende Problem zu begreifen, aber ich war auch überwältigt von der Liebe, die ich für meine jüngste Tochter empfand.

Plötzlich überkam mich das Bedürfnis, noch einmal für sie zu beten. Diesmal legte ich ihr die Hand auf die Stirn – auf die Stelle, die so hervorstand – und bat Jesus, sie zu heilen, genauso wie er auch andere Menschen geheilt hatte, als er auf der Erde war.

Während ich betete, spürte ich, wie langsam eine sanfte Wärme durch meinen Körper strömte und sich in meiner Hand verstärkte. Plötzlich spürte ich sogar eine leichte Bewegung unter meiner Handfläche, genau an der geschwollenen Stelle an Emmas Kopf. Ich war mir nicht sicher, was ich da spürte, und anstatt in einem Reflex die Hand wegzuziehen, hielt ich lieber still. Die Bewegung wurde stärker, so als würde jemand mit dem Finger in meiner Handfläche entlangfahren. Ich stand regungslos da und konnte fast nicht glauben, was ich da spürte. Aber es war untrüglich. Als es aufhörte, zog ich langsam die Hand zurück und hielt nach irgendeinem

Anzeichen Ausschau, das erklären würde, was ich soeben gespürt hatte. Aber Emma lag weiterhin friedlich da und schlief.

In diesem Augenblick war kein Unterschied an ihrem Kopf zu erkennen, aber ich war überwältigt von der Kraft, die gerade durch meinen Körper und meine Hand geströmt war. Ein tiefes Gefühl der Ehrfurcht und des Friedens erfüllte mich und hielt an. Das quälende Gefühl der Sorge, das ich die letzten Tage verspürt hatte, war verschwunden, und von diesem Augenblick an hatte ich eine große Zuversicht, dass *alles gut werden* würde. Tracey kam nach Hause und wir vereinbarten einen Termin beim Kinder-Neurochirurgen.

Ein paar Tage, nachdem Tracey nach Hause gekommen war, kam meine Mutter vorbei, und als sie Emma ansah, meinte sie: „Vielleicht spinne ich ja, aber ihr Kopf sieht bei Weitem nicht mehr so schlimm aus wie noch vor einer Woche."

Zwei Wochen später gingen wir mit Emma zum Kinder-Neurochirurgen. Er untersuchte Emma gründlich, vermaß sie genau, verordnete eine Computertomografie (CT) und gab uns einen neuen Termin, eine Woche nach der Computertomografie. Sein Fazit des zweiten Besuchs war sehr beruhigend. Er stellte zwar eine leichte Asymmetrie fest, aber seine Untersuchung und die Computertomografie zeigten keinerlei Hinweise auf eine Kraniosynostose. Unsere Erleichterung wurde nur noch von unserer Dankbarkeit gegenüber Gott übertroffen.

*

Nie hatte ich solche Erfahrungen mit Engeln wie Tracey. Ich bin mir zwar sicher, dass ihr Glaube ohne diese Begegnungen genauso stark wäre, aber die Engelsbegegnungen müssen doch sehr ermutigend gewesen sein. Trotzdem können wir vieles nur im Glauben annehmen. Ich habe den Engel, den

Tracey in Nebraska entdeckt hat, nicht gesehen, aber ich habe seine Nachwirkungen im Leuchten ihres Gesichtes erkannt. Auch wenn ich also nicht beweisen kann, dass sie einen Engel gesehen hat, so *weiß* ich es doch sicher. Ebenso kann ich zwar nicht belegen, dass das, was an jenem Abend in Emmas Zimmer geschehen ist, als ich ihr die Hand auflegte und für sie betete, eine göttliche Heilung war, aber ich *weiß*, dass Jesus sie an jenem Abend durch den Heiligen Geist geheilt hat.

Es gibt sonst keine vernünftigen Erklärungen dafür und es ist kein Zufall. Ich hatte nicht von vornherein mit dieser Art von Heilung bei Emma gerechnet. Als ich betete, rechnete ich eher damit, dass Emma mit der Zeit langsam, aber sicher gesund werden würde. Ich bin überzeugt, dass die Wärme, die ich gespürt habe, der Heilige Geist war, der durch meinen Körper strömte, als Emma geheilt wurde. In den Tagen nach diesem Ereignis bemerkten wir, dass die Beule auf Emmas Stirn sich zurückzubilden schien. Als wir schließlich beim Neurochirurgen waren, war fast kein Unterschied mehr zwischen ihrer linken und rechten Kopfhälfte zu sehen.

Unser Gott ist ein großartiger Gott.

18

Der Ruf der Taube

Die beiden Jahre nach Emmas Geburt waren freudige Jahre für uns. Wir waren eine glückliche fünfköpfige Familie, und abgesehen von den anfänglichen Sorgen um Emma, schien unser Leben erstaunlich sorgenfrei zu verlaufen. Traceys Eltern, Tom und Mary, hatten Florida verlassen und waren wieder nach Wisconsin zurückgezogen. Tracey genoss es sehr, dass sie nun wieder in der Nähe wohnten. Meine Nachuntersuchungen ergaben, dass ich nach wie vor keine Hepatitis C mehr hatte; Emma wuchs zu einem fröhlichen, gesunden Kleinkind heran; Rebekah war ein unbekümmertes Schulkind, und Meghan kam von der Mittelschule auf die Highschool, fand dort ihren Platz und war ein bildhübscher, intelligenter Teenager.

Im Herbst 2002 erlitt Tom einen leichten Schlaganfall, der sich auf seinen Gleichgewichtssinn auswirkte. Selbst nachdem er sich wieder davon erholt hatte, stolperte er noch oft und sein Gang war unsicher. Kurz danach ging es Mary gesundheitlich immer schlechter. Was sie da noch nicht wussten, war, dass ihnen ein langer Weg des langsamen Abschieds, der sich über die nächsten zwei Jahre erstreckte, bevorstand.

Toms Gesundheitsprobleme erschienen im Vergleich zu Marys beinahe unbedeutend. Im Herbst ereilten Mary immer wieder Erschöpfungszustände, Schmerzen im Brustkorb und länger anhaltende Kurzatmigkeit. Untersuchungen zeigten, dass sie ein Lungenempysem hatte – eine abgekapselte Entzündung an der Stelle, an der ihr Lungenkrebs operiert worden war.

Da Tom und Mary beide schon über siebzig waren, ermüdeten selbst leichte Gesundheitsprobleme sie sehr – und Marys Probleme waren alles andere als leicht. Sie wurde operiert, um das entzündete Gewebe aus ihrer Lunge zu entfernen, und die anschließende Behandlung erforderte einen Aufenthalt in einer Reha-Klinik.

Traceys Vater war nicht mehr imstande, alleine zu leben. Also zog Tom Anfang November zu uns. Er war auf einen Rollator angewiesen, um mobil zu sein, und seine Aussprache war merklich undeutlicher geworden. Schlaganfälle, die zu klein waren, um sie lokalisieren zu können, hatten all das ausgelöst.

Mitte Dezember 2002 war Mary wieder gesund genug, um zu uns zu kommen. Da sie auf tägliche Wundversorgung angewiesen war, kam es nicht mehr infrage, dass die beiden wieder in ihr eigenes Haus zogen. Sie bestanden allerdings darauf, dorthin zurückzukehren, als es wieder Frühling wurde. Tom brauchte jetzt ein Elektrofahrzeug, um mobil zu bleiben, und seine Stimme war kaum noch zu verstehen. Das war eine bittere Pille für einen Mann, der als Verkäufer früher einmal mit seiner Stimme seinen Lebensunterhalt verdient hatte. Er war immer ein ausgezeichneter Gesprächspartner gewesen.

Als im Mai 2003 der Umzug vor der Tür stand, bahnte sich bei Mary die nächste Krise an: Weitere Nachfolgeuntersuchungen hatten ergeben, dass sie Brustkrebs hatte. Im Juni diesen Jahres wurde ihr die Brust abgenommen und dann folgte die Chemotherapie. Ihre Krankheit schien Stück für Stück ihren Körper einzunehmen. Und als Mary sich gerade wieder von ihrer Krebsoperation und der anschließenden Behandlung erholt hatte, verschlechterte sich Toms Gesundheitszustand drastisch. Beinahe rund um die Uhr war jemand von der Familie bei Tom und Mary. Da Tracey und Leslie-Ann beide nur wenige Kilometer von ihnen entfernt wohnten, wurden ihre Bemühungen jetzt durch immer häufigere und längere

Besuche vom Rest der Familie – von Susie, Tommy und Rob – abgelöst.

Ab Herbst 2003 war Tom fast vollständig ans Haus gebunden. Ende August 2003 trat er das letzte Mal vor die Tür – abgesehen von Krankenhausbesuchen. Anschließend bekam er eine ernste Nierenentzündung, die ihn beinahe das Leben gekostet hätte. Und während er im Krankenhaus lag, stürzte Mary, als sie die Post hereinholen wollte, und brach sich die Hüfte. Je kürzer die Tage wurden, desto weniger Hoffnung hatten wir, Weihnachten noch mit Tom und Mary zu feiern. Aber die beiden wollten noch nicht aufgeben. Sie erholten sich und waren an Thanksgiving beide wieder zu Hause.

Beide erlebten ein schönes Weihnachtsfest mit der ganzen Familie – und es war klar, dass es ihr letztes sein würde. Jeder Augenblick, den wir zusammen verbrachten, war ein wenig kostbarer als der vorige, jede Mahlzeit genossen wir mehr, jedes Lachen war ein wenig herzlicher und jedes Lächeln ein wenig freundlicher, an diesem letzten gemeinsamen Weihnachtsfest.

Während wir den eisigen Winter über weiter nach ihnen schauten, zeichnete sich langsam ab, dass Tom dabei war, den Kampf allmählich zu verlieren, nicht aber den Willen, durchzuhalten. Eines Abends, als Tracey bei Tom saß, während er schlief, spürte sie plötzlich etwas an ihrem Vater, und ein unglaublicher Friede schien sie beide zu umgeben. Tracey sah Tom an und merkte, dass er wach war. Da fragte sie ihn: „Papa, ich weiß, dass du nicht sprechen kannst, aber blinzle einfach einmal, wenn du Ja sagen willst, und zweimal, wenn du Nein sagen willst. Sind Engel bei dir?" Er sah Tracey direkt an und blinzelte ganz bewusst und deutlich nur einmal und sah sie mit einem breiten Lächeln an.

Tracey wusste, dass es bald zu Ende gehen würde. Am 18. Februar 2004, im Beisein der gesamten Familie, ließ ihr Vater sein Leben schließlich los und legte sein Leben in die Hände Gottes.

Toms letztes Geschenk an Tracey war ein „Drücker", der auf sehr unerwartete Art und Weise geschah. Die Umarmung an sich war nichts Unerwartetes, nur erschreckte die Endgültigkeit von Toms Tod und der Klang seines letzten Atemzugs jeden im Raum. Als Tracey zusah, wie ihr Vater ging, stand sie auf und rief: „Papa!" Im nächsten Augenblick spürte sie ganz intensiv einen warmen Strom durch sich selbst hindurchfließen. Sie fühlte ganz unverwechselbar, wie die Seele ihres Vaters durch sie hindurchströmte und sich mit jeder Faser ihres Seins verband. Sie konnte seine Liebe, ja sogar seinen Geruch spüren, als würde sie sein innerstes Wesen einatmen. Es war eine so überwältigende Erfahrung, dass sie auf dem Sofa, das hinter ihr stand, zusammenbrach.

Sie war sich sicher, dass ihr Vater sie soeben umarmt hatte, nur war sie sehr bewegt und verwirrt von diesem Erlebnis. Da sie die anderen Familienmitglieder nicht in ihrer Trauer stören oder das Ganze mit ihrem Erlebnis überschatten wollte, wartete sie, bis Pater Peter und Dekan Ellen von der St.-Francis-Kirche kamen, ehe sie davon erzählte.

Diese beiden treuen Seelen hatten Tom und Mary während ihrer langen Krankheitszeit begleitet. Nachdem sie ihren offiziellen Pflichten nachgekommen waren und mit der Familie gebetet hatten, nahm Tracey Pater Peter beiseite. Ihr fiel es schwer, das Erlebte in Worte zu fassen. Sie erzählte ihm daher, so gut sie konnte, was passiert war und was sie dabei empfunden hatte. Pater Peter war schon seit einigen Jahren in der Hospiz-Arbeit tätig und kannte den Sterbeprozess. Er nickte wissend mit einem warmen, beruhigenden Lächeln.

Die Situation und die Gefühle, die Tracey ihm beschrieb, schienen ihn überhaupt nicht zu überraschen. Er hatte schon viele Angehörige getroffen oder gesprochen, die Ähnliches erlebt hatten. Nach seiner Einschätzung führt der Weg einer Seele, die den Toten verlässt, manchmal durch die Seele eines nahestehenden Hinterbliebenen oder nahe daran vorbei. Derjenige spürt dann oft eine Verbindung, eine kurze Gemeinschaft ihrer Seelen, die Tracey so stark empfunden hatte. Wenn Tracey heute ihren Vater ganz besonders vermisst, dann denkt sie an diesen einen Augenblick zurück und erlebt Trost durch diese eine „Umarmung".

Die nächsten Tage waren eine wirre Mischung aus Trauern, Planen und Erinnern, während wir uns auf Toms Beerdigung vorbereiteten. Mary war nur noch ein Schatten ihrer selbst. Als Tom starb, war es, als hätte Mary plötzlich jeglichen Lebensmut und den Grund ihrer Existenz verloren. Deshalb blieb die Familie nahe bei ihr und tat ihr Bestes, um sie ein wenig aufzumuntern. Der Tag der Beerdigung war ein typischer, kalter Februartag. Wir versammelten uns in der St.-Francis-Kirche, um Abschied zu nehmen und Toms wunderbares Leben zu feiern. Der Gottesdienst war wunderschön und steckte voller Erinnerungen, die von seinen Kindern und sogar den Enkeln vorgetragen wurden. Auch Meghan und Rebekah lasen beide etwas vor, was sie zuvor aufgeschrieben hatten, um es bei der Beerdigung ihres Großvaters zu sagen.

Am Ende des Gottesdienstes nahm ich meinen Platz bei den Sargträgern ein, um Toms Sarg den Mittelgang entlangzurollen. Da erklang plötzlich „Amazing Grace", perfekt gespielt von einem Dudelsackpfeifer in einer sehr bewegenden Version. Die eindringlichen Dudelsacktöne hallten in der Kirche wider und erfüllten unsere Herzen. Kein Auge blieb trocken.

Als ich ins Auto stieg, um es für meine Familie vorzuheizen, waren meine Gedanken voller Erinnerungen an Tom und Sorgen um Mary, Tracey und die Mädchen. Vor allem Rebekah schien während des Beerdigungsgottesdienstes fast untröstlich gewesen zu sein. Sie war erst zehn und war von dem Schmerz und dem Verlust, den sie offensichtlich empfand, überwältigt. Meghan war fünfzehn, und obwohl sie Tom, durch die besondere Verbindung als kleines Kind, immer sehr nahegestanden hatte, gaben ihr ihr Glaube und ihre tiefe Überzeugung die Gewissheit, dass Tom jetzt bei Gott war. Ihre Cousine Emily fuhr mit uns im Auto und sie klammerte sich fest an denselben Glauben wie Meghan.

Trotzdem drang die Trauer um Toms Tod bis in unser Innerstes und ließ uns erschauern, wie von der kalten Winterluft. Dass die Stimmung im Auto sehr niedergeschlagen sein würde, war mir klar. Nur, mir fielen auch keine passenden Worte ein, um die Trauer der Mädchen zu mildern. Ich kämpfte mit meinen eigenen Gefühlen.

Als ich das Auto anließ, hörte ich ein seltsames Geräusch, das von überall und nirgends zu kommen schien. Zuerst weigerte ich mich zu glauben, was ich da hörte. Es schien vom Motor her zu kommen. War vielleicht der Keilriemen locker? Ich drehte das Radio leise und hörte genauer hin. Dann machte ich den Motor aus, aber das Geräusch war immer noch da. Allerdings konnte ich es nicht lokalisieren. Das Geräusch klang vertraut, tröstlich und beruhigend. Ich hörte dem sanften Geräusch einen kurzen Augenblick lang zu. Ich saß einfach nur still da.

Als Meghan und Emily ins Auto stiegen, fragte ich sie, ob sie ein Geräusch hörten. Sie bestätigten mir beide das Geräusch, das ich hörte. Es war der tröstliche, unverkennbare Ruf einer Trauertaube!

Ich traute meinen eigenen Ohren nicht und wollte mir selbst beweisen, dass das Geräusch echt war. Ich machte den Motor noch einmal an und wieder aus. Ich schaltete auch das Radio ein und wieder aus, und dann schauten wir unter alle Sitze, in jedes Staufach, sogar auf dem Dach sahen wir nach. Ich öffnete die Motorhaube, um nachzuschauen, ob eine Katze hineingeklettert war, um sich zu wärmen – nichts. Die Taube gurrte immer noch.

Ich bin jeden Tag draußen. Wir besitzen mehrere Vogelhäuschen, und täglich sitzen Tauben auf unserem Schornstein, sodass ihre Rufe den Kamin hinabgleiten und das ganze Haus erfüllen. Ich kenne den Ruf einer Taube. Für das Geräusch, das wir nach Toms Trauerfeier in unserem Auto hörten, gab es keine andere Erklärung. Unsere Verwunderung und Aufregung über den Ruf der Taube waren ebenfalls echt. Ihr Rufen begleitete uns auf dem Weg bis zum Friedhof und tröstete uns, als wir uns darauf vorbereiteten, Tom zu Grabe zu tragen. Emily und Meghan saßen auf der kurzen Fahrt wie hypnotisiert da.

Nachdem ich alle Möglichkeiten durchgegangen war und letzten Endes meinen Ohren glaubte, wusste ich, dass dieses Rufen eine Botschaft der Engel oder vielleicht des Heiligen Geistes selbst sein musste, um uns zu zeigen, dass Tom Frieden gefunden hatte. Er war bei Gott, und wir sollten lieber sein Leben feiern, als über unseren Verlust zu trauern.

*

Durch Toms Tod war die Glut, von Toms und Marys Liebe zueinander zur Hälfte erkaltet. Mary baute nun immer schneller ab. Tracey sagte oft, die Nacht, in der ihr Vater gestorben war, sei der Moment gewesen, von dem an sich auch ihre Mutter langsam zu verabschieden begann.

Marys Leben bestand während der nächsten Monate aus Arztbesuchen, Krankenhausaufenthalten und vielen Tagen zu Hause im Bett. Im Spätsommer 2004 wurde bei Mary eine Leberzirrhose festgestellt und sie hatte fast gar keine Kraft mehr. Dass ausgerechnet Mary, die ihr Leben lang abstinent gewesen war, an einer Leberzirrhose sterben sollte, war bittere Ironie. Mary hielt noch bis kurz nach Thanksgiving durch und starb am 29. November 2004. Das Ende kam sehr schnell. Äußerlich hatte es in den letzten Wochen davor keine Veränderung gegeben, aber als sich ihre Putzfrau am Freitag, bevor sie starb mit den Worten: „Dann bis nächste Woche!" verabschiedete, erwiderte Mary: „Nein", und lächelte sie verschmitzt an. Sie muss es wohl geahnt haben.

Wieder einmal füllten wir mit unserer Familie die St.-Francis-Kirche, und zwar an einem grauen 2. Dezember 2004. Es schien ein unwirkliches Déjà-vu zu sein, aber unser Schmerz war zu echt, um eine Illusion zu sein. Dieselben Menschen saßen wieder einmal in denselben Kirchenbänken. Sogar Pater Peters Predigt klang irgendwie bekannt. Da Tom und Marys Leben so eng miteinander verwoben gewesen war, war es schwierig eine Trauerrede auf die eine zu halten, ohne dabei auch den anderen zu ehren. Die gleichen Träger trugen den Sarg den Mittelgang entlang, und die gleiche Version von „Amazing Grace" hallte vom Dudelsack durch die Kirche.

Selbst die eisige Luft im Freien, als wir aus der Kirche kamen, schien vertraut. Es schien, als hätten wir Toms Beerdigung vor neun Monaten noch gar nicht richtig verlassen und als sei die lange Reise erst jetzt, mit Marys Beerdigung, zu Ende.

Dieses Mal fuhr ich alleine zum Friedhof. Rebekah und Emma blieben mit meinen Eltern in der Kirche. Meghan und Emily fuhren mit ihrer Cousine Erin, Leslie-Anns Tochter, und ihrem zukünftigen Mann, Greg.

Als Marys drei älteste Enkelinnen in Gregs Subaru kletterten und sich für die kurze Fahrt zum Friedhof bereit machten, erfüllte ein seltsam vertrautes Geräusch das Innere des Wagens. Meghan und Emily erkannten es sofort: Es war wieder der Ruf der Taube! Meghan sagte, es war das unheimlichste und zugleich tröstlichste Geräusch, das sie je gehört hatte. Emily meinte, sie und Meghan hätten sich nur ungläubig angeschaut. Die Tränen liefen ihnen übers Gesicht, als sie Erin und Greg erzählten, dass sie die Taube schon vor neun Monaten nach Toms Beerdigung gehört hatten.

Das konnte kein Zufall sein. Meghan und Emily hörten nicht nur das gleiche Geräusch wie wir damals, sondern dieses Mal gab es auch noch zwei ganz andere Zeugen: Erin und Greg hörten den Ruf ebenfalls.

Was die Echtheit dieses Ereignisses noch bestärkte, war die Tatsache, dass Greg Tom nie kennengelernt und Mary nur ein paarmal gesehen hatte. Keinen der beiden hatte er gut genug gekannt, um ihnen nachzutrauern. Von sich selbst sagt er sogar, er sei Agnostiker und er neigte ganz sicher nicht zu religiöser Hysterie, wie manche es nennen würden. Doch er hörte die Taube genauso deutlich wie die anderen.

Für Christen symbolisiert die Taube den Heiligen Geist. Weltweit gilt die Taube als ein Symbol für Frieden und Hoffnung, und zwei Tauben gemeinsam stehen für Liebe und Treue. Damit schloss sich der Kreis und das Band der Liebe zwischen Tom und Mary und hatte auch in ihrem Tod Bestand. Für uns alle war es die Botschaft, dass sie jetzt zusammen bei Gott sind, in seiner vollkommenen Liebe.

19

Wenn Engel flüstern und schreien

Es gab noch viele andere Ehrfurcht gebietende Momente, in denen wir merkten, dass Gott seine Engel schickte, um direkt in unser Leben einzugreifen – manchmal ganz offensichtlich, manchmal versteckt.

Nachdem wir im Sommer 1990 nach Wisconsin zurückgekehrt waren, starb Caroline, eine Freundin von Tracey, an Brustkrebs. Ein paar Monate nach ihrem Tod besuchte Tracey eines Abends ihr Grab.

Caroline ist auf einem der größten Friedhöfe im Großraum Milwaukee begraben. Durch das Friedhofstor kommt man auf ein ruhiges, weitläufiges Gelände mit vielen Bäumen – eine abgeschiedene Welt, weit weg vom regen Verkehr und dem hektischen Leben auf der anderen Seite des eisernen Zaunes.

Nachdem sie Carolines Grabstein neben einer Gruppe großer Ahornbäume gefunden hatte, stellte Tracey ihr Auto ab und setzte sich auf eine nahe gelegene Bank. Sie war froh, mit Caroline allein sein zu können und nur von den Bäumen umgeben zu sein, die im Abendwind schwankten und ächzten.

Tracey war so in Gedanken, dass sie kaum bemerkte, wie auf dem nächsten Fahrweg, etwa dreißig Meter entfernt, ein Auto hielt. Sie sah zwar, dass zwei Männer ausstiegen – dass sie aber zu keinem der Gräber gingen, beunruhigte sie nicht. Sie bekam auch nicht mit, dass die beiden sich trennten und sich in entgegengesetzten Richtungen von ihrem Auto entfernten, und zwar parallel zu dem Weg, auf dem sie geparkt hatte.

Plötzlich hörte Tracey einen Mann rufen: „Tracey, geh weg!" Sie sah auf und fragte sich, wer sie hier erkannt hatte. Den warnenden Tonfall nahm sie dabei gar nicht wahr. Dann sah sie die beiden Männer, die kurz zuvor in der Nähe geparkt hatten. Aus entgegengesetzten Richtungen kamen sie jetzt direkt auf sie zu.

Noch immer fragte sich Tracey, wer sie eben gerufen hatte. Sie schaute an den Männern vorbei und war sich noch immer nicht der Gefahr bewusst. Jetzt waren die Männer nur noch zwanzig Meter entfernt, und Tracey hörte plötzlich die gleiche Stimme noch einmal, nur lauter und eindringlicher: „Tracey, geh weg – sofort!" Angesichts dieser strikten Aufforderung sprang sie auf, rannte zu ihrem Auto, das keine fünf Meter entfernt stand, sprang hinein und fuhr in dem Moment davon, als die Männer fast da waren.

Tracey war zunächst verwirrt von dem, was da gerade geschehen war, aber als sie durch das Friedhofstor nach draußen fuhr, war sie sichtlich erschüttert von dem Ereignis.

Selbst wenn man die Umstände locker sieht, ergibt sich daraus keine andere Schlussfolgerung als diese: Es war fast dämmerig, und zwei Männer lauerten Tracey auf einem einsamen Friedhof auf. Sie saß gedankenverloren da, als die Männer näher kamen, und hörte dann plötzlich eine männliche Stimme, die ihr befahl, zu verschwinden. Sie hatte sich vorher umgesehen und war sich sicher, dass sie alleine war. Wenn sie doch nicht alleine gewesen war, sondern jemand sie beobachtet hatte, der sie kannte, warum hatte er sich dann nicht einfach gezeigt, um die beiden Männer aufzuhalten? Und wenn tatsächlich jemand das Geschehen beobachtet hatte, warum waren dann die beiden Männer nicht geflohen oder hatten beim Klang der Stimme nicht wenigstens gezögert? Ich könnte alle möglichen

Überlegungen anstellen, aber für uns macht nur eine Sache Sinn: Ein Engel hat auf Tracey aufgepasst und sie beschützt.

*

Noch einige andere Ereignisse haben uns Gottes Liebe und seine Gegenwart in unserem Leben gezeigt. Manchmal greift Gott ein, wenn wir am wenigsten damit rechnen, aber er antwortet auch auf unsere Gebete und kommt, wenn wir nach ihm rufen und ihn am dringendsten brauchen.

Dass treu zu beten eine ganz eigene Kraft hat, daran wurden wir bei zwei sehr dramatischen Ereignissen erinnert, als wir 2002 im Rahmen einer längeren Reise nach Yellowstone und Jackson Hole in Wyoming fuhren.

Nachdem wir einige Tage unterwegs gewesen waren und Traceys Tante, ihre Cousinen und die Vandersnicks in Nebraska besucht hatten, kamen wir schließlich eines Sonntagabends, Mitte August 2002, spät in Jackson Hole an. Wir machten es uns in der gemieteten Ferienwohnung gemütlich, und anschließend fuhren Meghan und ich in die Stadt, um Lebensmittel für die nächste Woche einzukaufen.

Der Supermarkt war etwa fünfzehn Kilometer entfernt. Wir kamen gerade noch rechtzeitig, ehe er schloss und waren unter den letzten Kunden. Als wir unsere Einkäufe in unseren Wagen luden, auf einem mittlerweile dunklen Parkplatz, hatten wir es etwas eilig, zu Tracey, Rebekah und Emma zurückzukommen, weil wir wussten, dass sie Hunger hatten und auf uns warteten.

Als Meghan und ich im Auto saßen, drehte ich den Schlüssel und nichts passierte. Kein Licht, noch nicht einmal das Klicken der Zündung. Ich ergriff die gängigen Maßnahmen: Ich überprüfte die Batterie und die Kabel, den Schaltknüppel, den Anlasser – alles, was mir einfiel, aber nichts half.

Ich versuchte noch ein paar Mal, den Schlüssel umzudrehen, aber es kam immer noch keine Reaktion – kein Knirschen, kein Klicken, nicht das geringste Anzeichen, dass sich irgendetwas tat. Meghan, die damals vierzehn war, sah beunruhigt aus. Ich sagte ihr, sie solle sich keine Sorgen machen, nahm ihre Hand und erklärte ihr, dass Gott für uns sorgen würde. Dann sprach ich ein kurzes Gebet. „Gott, wir sind hier in Jackson Hole und unser Auto springt nicht an. Ganz gleich, was kaputt ist, ich weiß, dass du es reparieren kannst. Wir bitten dich in Jesu Namen, dass du es bitte heute Abend wieder anspringen lässt und uns zu Tracey und den Mädchen zurückbringst."

Ich sah Meghan an, steckte den Schlüssel ins Zündschloss, drehte ihn um und – der Motor sprang an. Ich werde Meghans Gesichtsausdruck niemals vergessen, als sie rief: „Unglaublich!" Solange wir diesen Wagen fuhren, hatten wir dieses Problem nie wieder.

Zwar war diese Situation nicht so dramatisch wie manch andere, aber ich glaube, sie zeigt, dass wir vielleicht genau das bekommen, was wir brauchen – ganz gleich, wie groß oder klein die Angelegenheit auch ist –, wenn wir Gott treu um seine Hilfe bitten. Außerdem war es für Meghan ein großartiges Beispiel dafür, wie kraftvoll ein aufrichtig gemeintes Gebet sein kann.

*

Eine andere Situation während dieses Urlaubs passierte so unerwartet und war so dramatisch und gleichzeitig unmissverständlich von Gottes Handeln geprägt, dass sie sich für immer in mein Gedächtnis gebrannt hat. Auf dem letzten Stück unserer Reise, als wir schon auf dem Heimweg waren, fuhren wir auf der Interstate 90 durch Minnesota. Es wurde schon dämmrig und der Verkehr war unglaublich dicht und schnell.

Das und Tausende von Mücken, die auf unserer Windschutzscheibe klebten, erschwerten die Sicht. Ich wurde etwas nervös. Durch unsere Auto-Erlebnisse waren wir immer etwas angespannt, wenn wir mit dem Auto unterwegs waren, vor allem in unbekannten Gegenden.

Normalerweise fassen wir uns an den Händen und bitten Gott um seinen Segen und Schutz, ehe wir losfahren. Ungeachtet dessen, dass wir an diesem Tag bereits für die Fahrt gebetet hatten, wurde ich immer unruhiger. Deshalb bat ich Tracey und die Mädchen, sich an den Händen zu fassen und noch einmal zu beten, dass Gott uns behüten und beschützen sollte.

Was dann geschah, war einfach unglaublich: Keine Minute nachdem wir gebetet hatten, vielleicht auch nur wenige Sekunden danach, tauchte plötzlich ein Reh keine fünfzehn Meter vor unserem Wagen auf. Wir fuhren mit 110 Stundenkilometern. Das Reh tauchte so schnell auf, dass ich keine Zeit hatte zu reagieren. Bevor ich es merkte und ganz ohne mein eigenes Zutun, glitt unser Auto einfach um das Tier herum, das wie versteinert dastand.

Schon bei anderen Gelegenheiten hatte ich mit hoher Geschwindigkeit anderen Autos oder Hindernissen ausweichen müssen. Einmal beispielsweise mit 80 Stundenkilometern einem Auto, das ganz plötzlich vor mir einscherte. Damals riss ich das Lenkrad erst eine halbe Umdrehung nach links und anschließend eine halbe nach rechts. Dabei flog mir alles im Auto um die Ohren, einschließlich des heißen Kaffees aus einem Becher. Dieses Mal, bei einer Geschwindigkeit von 110 Stundenkilometern mit dem schweren Minibus mitsamt der ganzen Familie und unserem Gepäck, das wir überall um uns herum verstaut hatten, gab es im Auto keinerlei Anzeichen, dass etwas durcheinanderwirbelte oder hin und her geworfen wurde. Ich weiß nicht einmal, ob die Mädchen überhaupt aufgeschaut haben.

Tracey sah mich nur mit großen Augen an. „Wie bist du um das Reh herumgekommen?"

Ich war so perplex, dass ich nur „I...i...ich weiß nicht" stottern konnte. Dann habe ich ihre Frage mit einer Gegenfrage beantwortet: „Was ist da gerade passiert?" Und dann mit noch einer: „Hast du das gesehen?"

Wie ich dem Reh ausweichen konnte, ist mir ein Rätsel. Ich würde ja gerne sagen, dass ich uns durch meine Geistesgegenwart und eine gute Reaktion vor dem sicheren Unheil bewahrt habe. Das wäre einfacher zu erklären, und ich wäre in den Augen meiner Familie der Held gewesen. Aber das Reh war einfach zu nah, um ihm ausweichen zu können. Es war so dicht vor uns, dass ich seine Augen und alle Einzelheiten seines Gesichts erkennen konnte, sogar das Zucken seiner Nüstern. Bei 110 Kilometern pro Stunde war es unmöglich, dem Tier auszuweichen – jedenfalls nach menschlichem Ermessen. Bei dieser hohen Geschwindigkeit legte ich die Entfernung in weniger als einer halben Sekunde zurück.

Ich kann es nur so beschreiben: Es fühlte sich ganz so an, als hätte sich eine riesige Hand sanft um unser Auto gelegt und uns um das Reh herumgelenkt. Ich kann mich bis heute nicht daran erinnern, das Lenkrad auch nur einen Zentimeter bewegt zu haben, um dem Reh auszuweichen. Die Bremse habe ich nie berührt.

In den nächsten Sekunden dämmerte uns, was da passiert war. Die Blicke, die wir uns zuwarfen, und das leise Lächeln sprachen auch ohne Worte deutlich. Wir wussten es einfach. Als wir später im Hotel die Mädchen ins Bett brachten, dankten wir Gott für sein wachsames Auge und drückten uns ein bisschen fester als sonst.

*

Gottes Gegenwart erlebten wir ein weiteres Mal bei einer eher spontanen Fahrt nach Florida, in den Frühlingsferien 2004. Wir besuchten Traceys Schwester, Susie, und ihren Mann, Dave, in ihrem Strandhaus in Melbourne.

Auf dem Rückweg übernachteten wir in einem Hotel in Tennessee. Am nächsten Morgen standen Tracey, Meghan und Rebekah auf und machten sich fertig, während sie mich und Emma noch ein wenig schlafen ließen. Sie gingen nach unten, um sich Saft und Muffins zu holen und eine Tasse Kaffee für mich.

Als Tracey mit den Mädchen dort saß und frühstückte, kam plötzlich ein älterer Herr an ihren Tisch und fragte, ob er sich zu ihnen setzen dürfe. Tracey war erstaunt, da noch mehr als genug Tische frei waren. Er hatte nichts zu essen oder zu trinken dabei, aber er hatte etwas seltsam Beruhigendes und Gewinnendes an sich, sodass Tracey bereitwillig zustimmte. Tracey und Meghan erinnern sich beide noch an seine tiefblauen, funkelnden, beinahe verspielten Augen. Dann zeigte sich anhand seiner Fragen und Bemerkungen, dass er Einzelheiten über Tracey und die Mädchen kannte, die ein Fremder unmöglich wissen oder erraten konnte. Irgendwoher kannte er unsere Familie.

Er sah Meghan an und sagte: „Du spielst bestimmt Basketball, wahrscheinlich Position 2." Das ist genau die Position, auf der Meghan immer gespielt hat. „Du siehst aus, als hättest du einen guten Wurfarm. Ich könnte wetten, dass du auch Softball spielst." Dann fügte er mit einem schiefen Lächeln hinzu: „Du spielst wahrscheinlich an der dritten Base und als Fänger, denn da braucht man einen starken Wurfarm." Obwohl Meghan klein ist, war sie schon immer sehr sportlich und stark gewesen. Aber man konnte beim besten Willen nicht erraten, dass sie Fänger war. Sie trug keinerlei Sportkleidung, die ihre Interessen hätte verraten können. Sie trug sogar noch ihren gemütlichen Hausanzug, weil wir noch mindestens zehn Stunden Fahrt vor uns hatten.

Dann sah der Fremde zu Rebekah, die zehn war, und sagte: „Bist du gerne die große Schwester?" Rebekah nickte. Emma war nicht dabei, und so konnte er unmöglich wissen, dass sie eine jüngere Schwester hatte.

Schließlich wandte er sich an Tracey und fragte sie mit einem breiten, herzlichen Lächeln: „Habt ihr euren Urlaub in Florida genossen?" Tracey kicherte vor Entzücken und antwortete nur mit einem Nicken und einem einfachen „Ja". Sie war wie gefesselt, denn sie wusste bereits, dass es ein Engel sein musste. „Habt ihr noch einen langen Weg vor euch?", fragte er. Tracey erzählte ihm, dass wir noch viele Stunden fahren mussten, zurück nach Wisconsin. Er stand auf und seine Augen funkelten immer noch. Er verabschiedete sich mit den Worten: „Nun, ich bin mir sicher, dass ihr sicher ankommen werdet. Gott segne euch!" Dann verließ er schnell den Raum und verschwand hinter einer Gruppe von Menschen, die an der Rezeption standen.

Tracey und Meghan sahen sich nur an und lächelten. Sie wussten beide ganz genau, was gerade passiert war. Schon in dem Augenblick, als er sich setzte, wussten sie es. Tracey sah nur Meghan an und formte mit ihren Lippen lautlos das Wort *Engel*.

Als sie mit meinem Kaffee in unser Zimmer zurückkamen, verrieten ihre strahlenden Gesichter und lebhaften Gesten schon fast ihre ersten Worte: „Wir haben gerade einen Engel gesehen!" Ich glaube, das war wieder ein Reden Gottes, mit dem er uns wissen lassen wollte, dass er bei uns war und auf uns aufpasste.

20

Über Feuer, Schicksal und Glaube

Das Wort *Feuer* kommt in der Bibel über sechshundert Mal vor. Womöglich hat kein anderes Wort in der Bibel so viele symbolische und grundverschiedene Bedeutungen. Es verzehrt, erhält, erschreckt, tröstet, ist heilig, straft und läutert. Die Feuer in Traceys und meinem Leben beinhalteten all das.

Das Schlüsselerlebnis in unserem Leben war zweifelsohne der Autounfall: Er veränderte so vieles. Mit aller Macht brachte er uns von unserem geplanten Lebensweg ab und zwang uns eine dramatische und ganz andere Wirklichkeit auf. Für uns schien es so, als beruhte das alles ausschließlich auf der Entscheidung eines anderen, nämlich des betrunkenen Fahrers. Wir hatten keine andere Wahl, als diese lebensverändernden Folgen hinzunehmen.

Nie werde ich erfahren, ob es etwas daran geändert hätte, wenn wir in der Nacht des Zusammenpralls woanders gewesen wären. Ich weiß nur, dass der Geisterfahrer seine eigenen Entscheidungen getroffen hatte, die unsere Welt für immer verändert haben. Seine Entscheidungen und unsere Gegenwart überschnitten sich auf jener Straße, und seine Zukunft endete dort, wo unsere begann.

Tracey und ich fragen uns manchmal, wie wohl unser Leben heute ohne die Ereignisse von damals aussehen würde. Aber auch wenn wir uns eingestehen, wie sehr sich unser Leben dadurch verändert hat, können wir nicht mit Sicherheit sagen, dass es besser gewesen wäre, wenn der Unfall nie geschehen wäre. Natürlich könnte man meinen, dass unser Leben einfacher wäre, wenn wir nicht all die körperlichen und geistigen Probleme hätten, die wir jetzt haben.

Angefangen mit der traumatischen Explosion unseres Autos in jener Nacht auf dem Highway, über die Monate und Jahre der Genesung, bis hin zu unserem täglichen Kampf mit den anhaltenden Auswirkungen, war unser Leben eine erstaunliche Reise.

Unser Leben steckt voller Gegensätze.

Wie lassen sich die Qualen der Verletzungen, die Schmerzen und Behinderungen mit der übergroßen Freude über Gottes Liebe, seine Erlösung und seinen Frieden vereinen? Wie können wir gleichzeitig mit der Angst und dem Glauben leben, die beide demselben Augenblick entspringen? Diese Gegensätzlichkeit, die immer noch unser Leben bestimmt – der Friede, den Tracey bei ihrer Nahtoderfahrung erlebte, und die blanke Panik und das Entsetzen des Unfalls – verfolgt uns noch immer auf die eine oder andere Weise.

Wir haben große Opfer erduldet, aber auch großen Segen empfangen dürfen, und das macht seit jener qualvollen Nacht die Farbe unseres Lebens aus. Angst, Schmerz und Bedauern haben dunkle Kleckse auf die leuchtenden Farben der Menschlichkeit, der Liebe unserer Familie und Freunde und der übernatürlichen Schönheit und des reichen Segens, die nur von Gott selbst kommen können, gemalt. Die Antworten auf unsere Fragen sind nicht immer offensichtlich, und so verlassen wir uns darauf, dass Gott uns durch seine Führung segnet. Und wenn es dunkel wird, verlassen wir uns auf sein Licht.

Was wäre gewesen, wenn wir durch diesen Augenblick ohne Unfall glatt hindurchgegangen wären?

Wie wäre das Leben dann verlaufen? Nur Gott kann sagen, ob es dann besser gewesen wäre.

Tracey und ich hatten viele Hürden zu überwinden, die weit über das hinausgingen, was man normalerweise von einem Ehepaar erwarten kann. Jede Belastung, jede Prüfung war eine mögliche Quelle, aus der wieder Benzin auf die brennende Lunte des Leidens fließen konnte, die vor so langer Zeit bei unserem Unfall entzündet worden war. Jedes Aufflackern drohte, uns zu vernichten.

Natürlich hatte der Unfall in vielerlei Hinsicht lebenslange Folgen für uns. Die ständigen Schmerzen sind ermüdend. An manchen Tagen ist Traceys Arthrose so stark, dass sie kaum laufen kann, und jeder Morgen ist eine Folter. Jeder Schritt fühlt sich an, als würden in ihrem Knöchel, ihrem Knie und ihrer Hüfte Glasscherben an ihren Knochen reiben. Tracey leidet zudem an posttraumatischer Neuropathie (Nervenschmerzen), was sehr lähmend und schmerzhaft ist. Meine Schmerzen sind nicht so stark, sie sind diffuser. Manchmal pulsieren sie in Wellen durch meinen Körper. Ganz gleich, wie sehr wir darum kämpfen, wir können den Folgen des Unfalls offensichtlich nicht entkommen.

Wenn wir über die dunkelsten Stellen unseres Lebens hinwegsehen, wissen wir, dass Gott immer wieder mit dem Reichtum seines Segens über unser Leben gestrichen ist. Und egal, wie schmerzhaft und schwierig vieles für uns sein mag, so weiß ich doch, dass Gott eingegriffen hat und das, was uns passiert ist, für viele andere Dinge positiv genutzt hat. Ohne diesen Schmerz wären sie vielleicht nie geschehen.

Wir können und werden daher nicht an dem Gedanken festhalten, was alles hätte sein können. Ich bin dankbar dafür, dass ich noch lebe und Tracey noch habe, und wir beide sind dankbar für die vielen guten Dinge, die wir seitdem empfangen haben. Letzten Endes können wir nichts mehr daran ändern; wir können nur akzeptieren, dass wir vielleicht genau da sind, wo wir sein sollen.

Zweifelsohne haben wir in unserem Leben Unglaubliches erlebt. Ich weiß nicht, warum wir so viel durchmachen mussten, aber ich weiß, dass es einen Grund hatte, dass Tracey damals auf der Fahrt zurück nach La Crosse Folgendes sagte: „Wir sollten uns besser kennenlernen."

Diese eine Situation erinnert mich mehr als alles andere daran, wie fest und sicher die Bindung zwischen uns ist und wie beständig Gottes Liebe ist. Gott hat uns zusammengebracht, und ich weiß, dass er bei allem, was wir zusammen durchgemacht haben, einen Plan für unser gemeinsames Leben hat. Das reicht, damit wir alles überstehen können, was uns das Leben so in den Weg legt.

Unsere eindeutig verwundbarste Stelle ist, wie bei allen Eltern, das Wohlergehen unserer Kinder. Wir wurden daran erinnert, als wir zusehen mussten, wie Meghan in ihrem dritten Jahr in der Highschool gesundheitliche Probleme bekam. Sie war immer eine hervorragende Sportlerin, vor allem im Softball. Aber sie bekam Schmerzen in der Hüfte, im Rücken und in den Beinen und verpasste deswegen fast die ganze Saison. Die Schmerzen kamen und gingen, aber in ihrem zweiten Jahr am College hatte Meghan so starke Schmerzen, dass weder Medikamente noch Behandlungen sie mildern konnten. Selbst ganz einfache Bewegungen, wie die sich im Bett umzudrehen, ganz zu schweigen vom Laufen, waren eine Qual. Ihr fuhr ein stechender Schmerz durch den Körper wie von einem Brenneisen.

Nach Dutzenden von Arztbesuchen stellten die Ärzte bei ihr die Autoimmunerkrankung Morbus Bechterew fest. Diese Krankheit ist eine Form der entzündlichen Arthritis der Wirbelsäule und des Kreuz-Darmbein-Gelenks. Der gleiche genetische Defekt, der Morbus Bechterew verursacht, bringt auch Colitis ulcerosa mit sich – eine chronisch-entzündliche Darmerkrankung, die Meghan ebenfalls hat. Es ging ihr wirklich sehr schlecht, und sie so leiden zu sehen, brach uns das Herz. Aber sie nimmt starke Medikamente gegen ihre Symptome und verlässt sich auf Gottes Kraft.

*

Momentan machen wir eine der schwierigsten Zeiten unseres Lebens durch. Die USA und die ganze Welt werden von einer massiven Wirtschaftskrise gebeutelt und diese Probleme sind nicht an unserer Familie vorübergegangen. Wie viele andere habe auch ich meinen Arbeitsplatz verloren. Genauer gesagt habe ich zum Zeitpunkt, als dieses Buch entstand, zwei Arbeitsstellen innerhalb von drei Jahren verloren.

Wir haben einfach nicht alles in der Hand, was in unserem Leben passiert, aber wir haben es in der Hand, wie wir darauf reagieren. Tracey und ich verlassen uns auf Gottes Kraft und Führung und wir geben uns gegenseitig Liebe und Unterstützung. Ich bin kein grenzenloser Optimist. Ich will nicht so tun, als hätten wir in unserem Leben nicht auch große Probleme gehabt. Weder ignoriere ich sie noch wünsche ich sie mir weg. Ich gestehe sie mir ein und versuche, wenn sie kommen, so gut ich kann damit umzugehen.

Hauptsächlich aber konzentriere ich mich auf das Gute. Ich glaube nicht, dass Gott die Probleme in unser Leben bringt, aber ich glaube, wenn er an unseren Prüfungen irgendwie beteiligt ist, kann er sogar die schmerzhaftesten Erfahrungen in unserem Leben zu etwas Wunderbarem werden lassen.

*

Während ich dieses Buch schreibe, wird mir bewusst, dass das vorrangige Thema in unserem Leben nicht die Probleme sind, nicht die Schwierigkeiten und auch nicht unser Umgang damit, sondern es ist Gottes treue Liebe. An jeder schwierigen Stelle unseres Lebens haben wir Gottes Gegenwart und seine Liebe auf ganz besondere Art erlebt.

Als wir zu erschöpft, verängstigt oder traumatisiert waren, um weiterzugehen, hat Gottes Liebe uns gerettet und getragen, damit wir den nächsten Tag überstehen konnten. Ehrlich gesagt hat Gott uns in den Krisen unseres Lebens vielleicht nicht immer das gegeben, was wir wollten, aber immer genau das, was wir brauchten. Seine Liebe hat uns immer und immer wieder durchgetragen. Gott liebt uns und zeigt sich uns in Jesus Christus, den wir als unseren Retter und Herrn angenommen haben. So einfach ist das.

Viele Menschen haben Tracey und mir gesagt, dass es erstaunlich ist, wie gut wir mit den Problemen in unserem Leben umgegangen sind und dabei trotzdem eine positive Haltung bewahrt haben. Nicht immer ist das leicht, aber die Alternative ist ein finsteres Leben mit wenig Hoffnung und kaum Freude. Dazu sagen wir: „Nein, danke!" Die Kämpfe von heute sind nur die Grundlage für die Siege von morgen. Obwohl wir, während ich diese Seiten schreibe, immer noch mitten in einer schwierigen Zeit stecken, höre ich Gott schon leise flüstern, dass bessere Tage kommen werden, und ich spüre die Führung seiner Hand in unserem Leben.

Auf der Achterbahn unseres Lebens gab es unglaubliche Höhen und Tiefen, und unser Glauben folgte manchmal dem gleichen Zickzack-Kurs. Manchmal war er am stärksten, wenn wir uns am weitesten von Gott entfernt fühlten. Ein anderes Mal spürten wir plötzlich, wie Gottes Hand uns führte, als wir vielleicht gerade völlig selbstzufrieden waren, und so lebte unser Glaube wieder ganz neu auf und erreichte ungeahnte Höhen.

Bei mir war das einmal der Fall, als wir im Winter 1994 einen längeren Urlaub in Florida machten und Tom und Mary besuchten. Sie waren nach den Weihnachtstagen nach Florida zurückgekehrt und Mary erholte sich immer noch von ihrer Krebs-Operation und Behandlung. Wir freuten uns nicht nur darauf, Tom und Mary zu sehen, sondern hatten auch selbst einige Nachuntersuchungen bei unseren Ärzten geplant. Außerdem wollten wir den Anwalt treffen, den unsere Familie damit beauftragt hatte, unsere medizinischen Kosten, Rechnungen und Versicherungsansprüche zu bearbeiten. Der Besuch sollte dazu dienen, die letzten offenen Angelegenheiten endgültig zu regeln.

Obwohl es schien, als hätten wir nach Rebekahs Geburt und Marys Genesung von Krebs endlich etwas Frieden gefunden, spürte ich eine zunehmende Unruhe und ein Unbehagen in mir. Unsere ärztlichen Untersuchungen unterstrichen die riesigen Fortschritte, die wir gemacht hatten, aber sie erinnerten uns auch lebhaft an den Schaden, der uns zugefügt worden war. Diese Flut der Erinnerungen traf mich zu einer Zeit, in der ich besonders verletzbar war. Infolge zahlreicher Nebenhöhlenentzündungen litt ich unter ständigen Kopfschmerzen und wurde immer erschöpfter. Ich fing an, daran zu zweifeln, ob ich langfristig gesund bleiben, arbeiten gehen und finanziell für meine Familie sorgen können würde.

Während unseres Besuches wohnten wir bei Tom und Mary. Als ich eines Abends versuchte, Rebekah, die gerade sechs Monate alt war, ins Bett zu bringen, beschloss ich, sie in den Kinderwagen zu setzen und einen Spaziergang mit ihr zu machen. Ich hoffte, sie würde bei dem gleichmäßigen Schaukeln besser einschlafen. Als wir so in der kühlen Abendluft unterwegs waren, hörte ich Rebekahs Seufzen. Sie war endlich eingeschlafen und ich wandte mich in Gedanken an Gott. Ich schüttete mein Herz bei ihm aus und brachte ihm meine größten Ängste und Sorgen um unsere Zukunft. Obwohl ich versuchte, unerschütterlich darauf zu vertrauen, dass Gott uns versorgen würde, musste ich ihm doch gestehen, dass mein Glaube bröckelte. Beinahe schämte ich mich für meine Schwäche.

Einige Minuten lang war ich in das stille Gespräch mit Gott vertieft, als mich plötzlich eine Stille überkam, die meine Sorgen und Gedanken zum Erliegen brachte. Was dann geschah, kann ich nur als die intensivste Gemeinschaft mit Gott beschreiben, die ich je erlebt habe. Natürlich habe ich nach dem Unfall, im Krankenhaus, in unzähligen Antworten auf meine Gebete, in Traceys leuchtendem Gesicht nach Chris' und Beths Beerdigung, bei Emmas Wiederbelebung nach ihrer schweren Geburt, in dem leisen Ruf der Tauben bei Toms und Marys Beerdigungen und als ich seinen Finger unter meiner Hand spürte, als er Emma heilte, Gottes Hand erlebt. Aber alle diese Ereignisse verblassen im Vergleich zu dem, was in jener Nacht geschah, als ich Gottes Frieden und seine Liebe über mich kommen spürte und sie mich beinahe verzehrten.

Obwohl Gott nicht hörbar zu mir sprach, nahm ich seine unmissverständliche Botschaft dennoch deutlich wahr: „Sei still und erkenne, dass ich Gott bin", und um einen Bibelvers in eigenen Worten wiederzugeben: „Lass den morgigen Tag sich um sich selbst sorgen – ich werde immer bei dir sein und werde immer für dich sorgen."

Mit menschlichen Worten lassen sich der tiefe Friede und Trost, die in diesem Moment jede Zelle meines Wesens erfüllten, nicht beschreiben. Im Laufe meines Lebens habe ich unglaubliche Erfahrungen gemacht und erstaunliche Höhen und Tiefen erlebt, aber nichts davon, absolut gar nichts, lässt sich mit dem Frieden, der Liebe und der puren Freude vergleichen, die ich in jener Nacht erlebt habe. Wenn meine Empfindungen auch nur ein Bruchteil dessen davon sind, was Tracey beim Unfall erlebt hat, als sie „gestorben" ist, dann verstehe ich, warum sie keine Angst vor dem Tod hat und sich danach sehnt, eines Tages wieder bei Gott zu sein.

Von diesem Erlebnis an, auf jener stillen Straße, bis heute habe ich jeden Tag mit dieser Verheißung gelebt. In jeder Schwierigkeit, wenn in mir Verzweiflung und Angst aufsteigen, lasse ich meinen Glauben mit der Verheißung jener Nacht neu füllen, bis er überfließt vor Hoffnung – und bekomme neue Kraft.

Manche meinen, der Teufel selbst bringt vielleicht Probleme in unser Leben, um unsere Hoffnung zunichtezumachen, unsere Ehen zu zerstören oder uns von Gott wegzuziehen. Wenn ich glaube, dass Gott persönlich an unserem Leben interessiert ist, lässt sich nicht leugnen, dass Satan versucht, Gottes Werk zu zerstören. Wenn das stimmt, dann hat der Feind jämmerlich versagt. Tracey und ich sind nicht nur stärker als je zuvor, sondern unsere Prüfungen haben unsere Beziehung zu Gott nur noch gestärkt. Jedes Feuer, das uns zu vernichten drohte, hat unser Leben nur gereinigt und unseren Glauben gehärtet und stärker und belastbarer gemacht. Gott hat jede unserer Lasten in einen unglaublichen Segen verwandelt.

Sich Gott hinzugeben, heißt nicht, aufzugeben. Es ist vielmehr eine Einladung an ihn, seinen Willen durch uns zu verwirklichen, ganz gleich, wie das aussehen mag. Uns seinem Willen hinzugeben, ist sogar die größte Freiheit, die wir je erleben können.

Tracey und ich sind geistlich nicht begabter oder von Gott mehr geliebt als jeder andere. Ich kann nicht erklären, weshalb wir diese Begegnungen mit Engeln und die Wunder erlebt haben. Vielleicht haben wir diese Dinge durch unseren Glauben stärker wahrgenommen, aber das heißt nicht, dass es bei uns wahrscheinlicher ist als bei anderen Menschen, dass wir Gottes Güte und Gnade erleben. An uns ist nichts Besonderes. Tracey sagt immer: „Alle Menschen sind für Gott besonders, und alles, was ich erlebe, kann auch jeder andere erleben."

Trotz ihrer Nahtoderfahrung und der Begegnung mit dem Engel, der sie berührte, als sie in jener Nacht dort auf der Straße lag, hat Tracey nicht das Gefühl, dass sie besonders auf dieses oder irgend ein anderes Erlebnis vorbereitet oder dafür auserwählt worden sei. Zum Zeitpunkt des Unfalls hatte sie schon immer eine Beziehung zu Jesus gehabt, aber wie sie selbst sagt, sei sie „nie besonders diszipliniert gewesen, was den Glauben angeht. Ich glaubte und das war immer genug". Vor dem Unfall hatte sie weder über Engel nachgedacht noch sich Gedanken darüber gemacht, ob sie, außer in der Bibel, existierten oder nicht. Die Wunder und der Segen, den wir erfahren haben, sei es durch Engel oder andere Erscheinungen, kamen alle von Gott. Wir beten keine Engel an; wir beten Gott an. Gott zeigt sich uns auf vielerlei Weise – Engel sind nur eine davon.

*

Wer verzweifelt nach einem Zeichen von Gott sucht, dem kann ich nur Eines sagen: Halten Sie jederzeit Ihre Augen und Ohren offen – beobachten Sie Ihr Leben mit treuem Herzen und hören Sie gut hin. Gott ist immer bei Ihnen und wirkt fast täglich Wunder – für Sie ganz alleine. Seien Sie offen und bereit für sein Wirken, dann wird er sich in großen und kleinen Dingen zeigen.

Die meisten Wunder Gottes sind nicht so dramatisch wie Emmas plötzliche Heilung oder so atemberaubend wie Traceys Begegnungen mit Engeln. Es sind vielmehr die kleinen Dinge, die uns jeden Tag ganz leise begegnen, in denen Gott sich uns nicht in einem grellen Blitz offenbart, sondern in der unerwarteten Umarmung eines Freundes, wenn wir sie gerade dringend brauchen, in dem Geld, das genau im richtigen Moment kommt, in der tröstlichen Freundlichkeit eines freundlich lächelnden „Fremden" an einem schweren Tag, in dem „Zufall", durch den wir vor anscheinend sicherem Unheil bewahrt bleiben, oder in der plötzlichen Erkenntnis, die uns angesichts eines Problems kommt, das uns sehr gequält hat.

Der Glaube ist seine eigene Belohnung. Gottes Liebe ist echt und er ist die Antwort auf unsere größten Prüfungen. Jesus ist der Weg zu Gott und der Heilige Geist versichert uns Gottes ständige Gegenwart. Unsere Schwierigkeiten bringen uns mehr Fülle, als wir manchmal begreifen.

Ich hoffe, dass unsere Geschichte Sie inspiriert, Ihnen hilft, Ihre eigenen Kämpfe besser zu verstehen und zu wissen, dass die Leiden in diesem Leben nichts sind im Vergleich zu Gottes immerwährender Liebe.

Mögen Sie in Gott den Frieden finden, der alles menschliche Denken übersteigt.

1. Tracey und ich – damals, als wir aufs College gingen.

2. Unsere Hochzeit am
7. September 1985.

3. Tracey und Meghan, im Juli 1989, zwei Monate vor dem Unfall.

4. Großvater Tom mit
Meghan, Februar 1990.

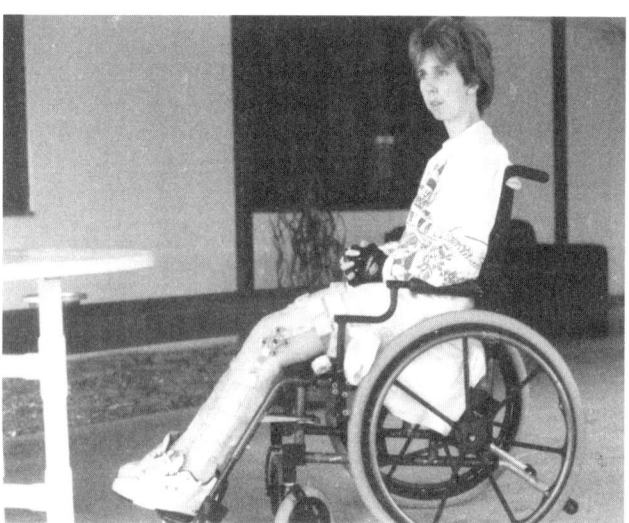

5. Tracey, drei Monate nach dem Unfall, im Dezember 1989,
   während ihres Aufenthalts im Treasure-Coast-Reha-Zentrum.

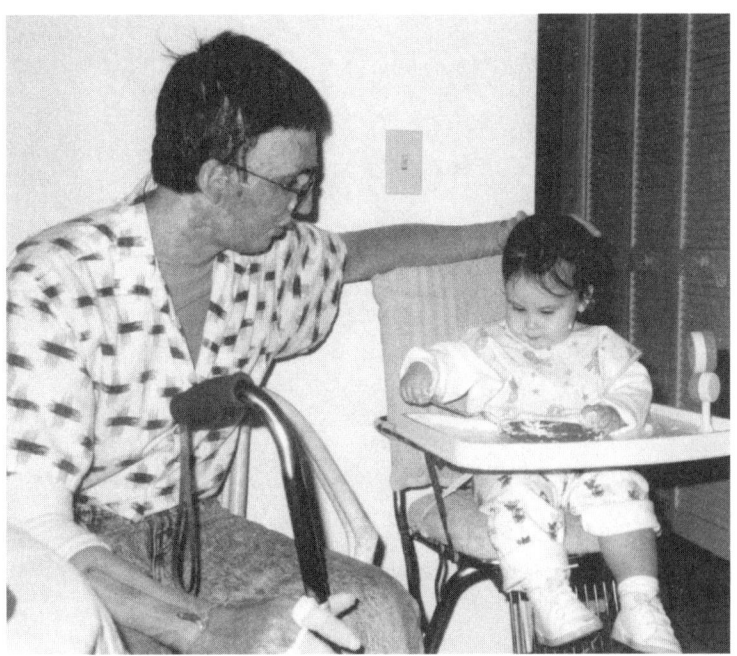

6. Zu Besuch daheim: Meghan und ich im Dezember 1989.

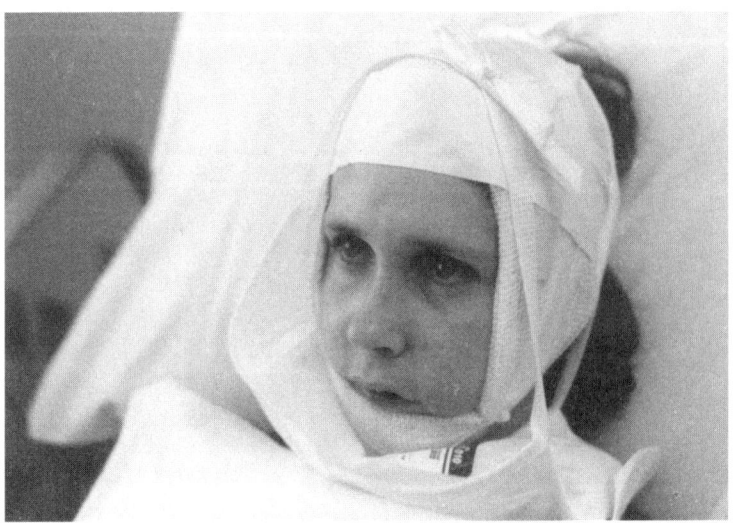

7. Tracey nach der Kiefer- und Gesichtsoperation.

8. Unsere Töchter, Meghan, Rebekah und Emma (von oben nach unten), während eines Aufenthalts in Colorado im Jahr 2003.

9. Familienfoto auf Meghans Hochzeit 2011: Ich und Tracey, Meghan und Jordan mit Emma und Rebekah (Foto: Lisa Matthewson).

10. Tracey und ich, 2012.

Danksagung

Ich danke meiner Agentin, Mary Sue Seymour. Eine Agentin setzt immer ihren Ruf aufs Spiel, wenn sie sich auf ein Buch einlässt. Ich bin sehr dankbar, dass sie dieses Risiko mit mir und diesem Buch eingegangen ist.

Mein tiefer Dank gehört auch meinem Verlag, Bethany House, für die unglaublichen Bemühungen der Mitarbeiter, um dieses Buch zu veröffentlichen. Tim Peterson hat sich nicht nur auf diesen ungeschliffenen Diamanten eingelassen, sondern hat ihn auch noch gekonnt zu etwas geformt, woran sich andere erfreuen können. Seine Leitung und Hilfe sind nicht zu unterschätzen. Danke auch an Jeff Braun für seinen ausgiebigen Feinschliff an verschiedenen Seiten, damit der Diamant wirklich glänzt. Und vielen Dank an Nancy Renich für die letzten Feinheiten, um das Werk zu vollenden.

Danke euch allen in unserer Bibelgruppe in der Northbrook-Gemeinde in Richfield, Wisconsin. Ihr habt gebetet und Gott hat erhört! Ich weiß eure Unterstützung sehr zu schätzen.

Mein Dank geht auch an die vielen Freunde und Familienmitglieder, die diesen Prozess begleitet und mich unterstützt haben.

Mein ganz besonderer Dank gilt Traceys Schwester, Susan Gill, deren sorgfältige Aufzeichnungen mir geholfen haben, viele Einzelheiten jener ersten Tage und Wochen nach dem Unfall zu rekonstruieren, und die mir auch geholfen hat, die Helden und anderen Augenzeugen vom Unfallort ausfindig zu machen.

Mit Worten kann man nicht sagen, wie dankbar wir den Helden auf dem Highway sind, die angehalten und ihr eigenes Leben aufs Spiel gesetzt haben, damit wir eine Chance hatten, unseres zu behalten. In tiefster Dankbarkeit sage ich: Danke!

Himmlische
Begegnungen

„Dieses Buch ist zutiefst
inspirierend. Kaum
vorstellbar, dass jemand
nach der Lektüre noch den
Standpunkt vertritt, dass es
keinen Gott gibt."

thedailywalk.net

Kevin Malarkey quälen schreckliche Vorwürfe: „Ich habe
meinen Sohn getötet". Am 14. November 2004 gerät er mit
seinem Auto in einen schweren Unfall. Während er relativ
unbeschadet überlebt, liegt sein sechsjähriger Sohn Alex
im Koma. „Ich glaube, Alex ist jetzt bei Jesus", meint ein
Freund. Was eher so dahingesagt war, stellt sich tatsächlich
als wahr heraus, als Alex wieder aufwacht. Sein Bericht von
himmlischen Begegnungen mit Gott und den Engeln hat
inzwischen tausende Menschen berührt.

Kevin & Alex Malarkey
Der Junge, der aus dem Himmel zurückkehrte
Gebunden · 264 Seiten · ISBN 978-3-86591-637-2

Einblicke in den Himmel

„Dieses tief beeindruckende Buch legt man nicht mehr aus der Hand. Es regt zum Nachdenken an. Über das, was wirklich zählt im Leben. Und wie man ein besserer Mensch wird."

epinion.com

Dale Black ist gerade 19 Jahre alt, als er mit zwei erfahrenen Flugkapitänen an Bord einer Frachtmaschine den Erdboden verlässt. Doch dann geht etwas schief: Beim Start kollidiert das Flugzeug mit einem Gebäude. Die beiden älteren Piloten sind auf der Stelle tot. Dale Black ringt ums Überleben. Und erlebt die Herrlichkeit des Himmels. Entgegen ärztlicher Prognosen findet er den Weg zurück ins Leben. Nach und nach erinnert er sich an seine Zeit im Himmel. Was er dort erlebte, prägte von da an seine gesamte Einstellung zum Leben, zu Gott und zu anderen Menschen.

Dale Black · Absturz in den Himmel
Gebunden · 224 Seiten · ISBN 978-3-86591-755-3

Verlagsgruppe Random House FSC® N001967
Das für dieses Buch verwendete FSC® zertifzierte Papier
EOS lieferte Salzer, St. Pölten.

Die amerikanische Originalausgabe erschien unter dem Titel: „Angels in the Fire"
Published and photos used by permission of Bethany House,
a division of Baker Publishing Group,
Grand Rapids, Michigan, 49516, U.S.A.
All rights reserved.
Copyright © 2013 by Daniel J. Stadler
© 2014 der deutschen Ausgabe by Gerth Medien GmbH, Asslar,
in der Verlagsgruppe Random House GmbH, München.

1. Auflage 2014
Bestell-Nr. 816404
ISBN 978-386591-404-0

Umschlaggestaltung: Michael Wenserit
Umschlagfoto: Gearbox
Satz: Greiner & Reichel, Köln
Druck und Verarbeitung: GGP Media GmbH, Pößneck